CLASS...E

Collection
dirigée
par
Hélène Monsacré

SOPHOCLE

ŒDIPE ROI

Texte traduit par Paul Mazon
Introduction et notes par Philippe Brunet

Cinquième tirage

LES BELLES LETTRES

2017

*Ce texte et la traduction sont repris du volume correspondant
dans la Collection des Universités de France (C.U.F.),
toujours disponible avec apparat critique et scientifique.
(Sophocle,* Tragédies, *tome II, 12ᵉ tirage, 2009.)*

© *2017, Société d'édition Les Belles Lettres,
95 bd Raspail 75006 Paris.
www.lesbelleslettres.com*

Première édition 1998

*ISBN : 978-2-251-79924-7
ISSN : 1275-4544*

INTRODUCTION

par Philippe Brunet

Le spectacle commence à Athènes, en plein air, dans la fraîcheur de l'aube, lors de la célébration printanière des Grandes Dionysies. Processions, sacrifices, dithyrambes ont eu lieu les jours précédents. S'ouvrent maintenant les concours dramatiques. Les juges s'installent. Des comédiens et des choreutes, porteurs d'un masque, vont interpréter au présent les personnages du mythe.

Le théâtre grec est différent du théâtre occidental, qui lui doit tout. Il faudrait réunir les chants et les récitatifs de l'opéra, les dialogues versifiés du théâtre classique, les évolutions du ballet, pour rendre compte de ce théâtre dans sa dimension esthétique. Et il manquerait encore l'essentiel, le sens de cette célébration civique et religieuse. Il faudrait aussi se préparer à endurer trois tragédies consécutives et un drame satyrique pour avoir une idée complète du spectacle ; se réjouir à l'avance de la comédie qui attend le spectateur l'après-midi, après

un repas qui aura restauré ses forces : car c'est seulement dans cette opposition des genres que se définit une
cérémonie tour à tour tragique, satyrique, puis comique ;
et cela trois jours de suite.

La tragédie offre l'équivalent d'une mise à mort
annoncée. Le processus qui va conduire les héros à leur
destin est à découvrir dans une nouvelle interprétation
du mythe. Le spectateur voit ce récit familier s'actuali-
ser sous ses yeux. Comme tout le monde, il connaît
l'histoire d'Œdipe, le geste final de Jocaste. Il vient
apprécier l'ensemble du spectacle : acteurs, chœurs,
danses, chants, costumes, décors, etc. Si bon soit-il, le
texte, à lui seul, ne suffit pas à emporter l'adhésion.
Aujourd'hui, le lecteur doit s'en tenir à ce livret muet, à
un texte grec souvent difficile et glosé à l'infini par les
commentateurs[1], à quelques règles théoriques énoncées
par Aristote, et à une traduction qui trop souvent efface,
quels que soient ses mérites, le relief de l'œuvre. Par-
delà les interprétations du mythe d'Œdipe, c'est pour
aider le lecteur à rétablir l'œuvre dans sa dimension
théâtrale que sont proposées ces quelques pages.

1. Le lieu

L'écriture est tout entière conçue pour l'espace de la
représentation.

Le théâtre grec est d'abord un lieu. C'est en fonction
de ce lieu que se définissent les personnages, leurs
« entrées » et leurs « sorties »[2], les modalités de leur
parole ou de leur chant.

Creusés à flanc de colline, les gradins formaient un
peu plus qu'un hémicycle. Le *théatron* de Dionysos à

---

1. Le commentaire le plus riche à cet égard est celui de J. Bollack,
en quatre volumes, Lille, 1990.
2. Ces termes ne conviennent pas à une représentation faite en
plein air : ils signifient même le contraire par rapport à la *skènè*.

Athènes pouvait contenir plus de 15 000 personnes : beaucoup plus que les lieux de théâtre utilisés en Occident depuis la Renaissance. En bas, se trouvait l'*orchestra*, piste circulaire où évolue le chœur, avec au lointain, quasiment à la tangente du cercle de l'*orchestra*, la *skènè*, mur offrant au moins une ouverture centrale, qu'on pouvait utiliser comme une porte de palais, par exemple, et qui permettait aux comédiens de se changer. À droite (« côté cour ») et à gauche (« côté jardin ») de la *skènè*, deux larges rues font le lien entre l'*orchestra* et l'extérieur. L'une sert à l'entrée du chœur et des acteurs (Tirésias, Créon, peut-être le vieux Serviteur) qui viennent des abords du palais ou de ses parages (la ville de Thèbes) ; l'autre sert à l'arrivée d'un voyageur (Créon rentrant de Delphes, le Corinthien). Le palais d'Œdipe est caractérisé par un portail à deux vantaux clos par un verrou (cf. v. 1294-95). Aristote dit que Sophocle est le premier à avoir utilisé des décors peints. Colonnades et sculptures sont donc visibles en trompe-l'œil.

Par cette porte, sur une estrade légèrement surélevée, Œdipe apparaît en roi bienveillant au prêtre de Zeus et aux Thébains venus le supplier. Sans doute absent pendant l'entrée du chœur, il réapparaît pour dialoguer avec le chœur, puis avec Tirésias. Au deuxième épisode, il revient et surprend Créon discutant avec le chœur. C'est peut-être par cette même porte, symbole de leur pouvoir commun et de leur complicité dans le crime, que Jocaste paraît, et par laquelle tous deux rentrent dans le palais, conjointement à la fin du deuxième épisode, puis séparément dans le troisième : car Jocaste, précédant Œdipe, va se donner la mort. C'est enfin par cette même porte dont l'ouverture est annoncée par le Messager qu'Œdipe sort une dernière fois de son palais, les orbites sanguinolentes, non pas sur l'*eccyclème*, le chariot qui sert habituellement à présenter les cadavres, mais en marchant à tâtons, porté par ses propres pieds tuméfiés. Il y rentrera contraint et forcé par Créon, guidé par ses filles Antigone et Ismène, pour dissimuler au jour la souillure qu'il incarne – dernier repli sur soi avant l'exil et l'errance.

Des portes latérales, toujours frontales, peuvent être envisagées pour Jocaste, pour le Messager qui vient du palais au début de l'*exodos*[3], enfin pour Antigone et Ismène que Créon fait amener auprès d'Œdipe aveugle.

Au-delà de l'espace visible et clos s'ouvrent des espaces suggérés par les récits. Espaces lointains : le Cithéron sauvage, la vie d'Œdipe à Corinthe, le sanctuaire de Delphes, la fourche où fut tué Laïos, les campagnes frappées par le fléau, ou espaces contigus : au-delà du « fond de scène », on reconstitue l'espace du palais, et celui de la chambre où Jocaste s'enfuit en fermant violemment la porte derrière elle (v.1244) pour s'abattre sur le lit nuptial et invoquer son premier époux, père du second : c'est le centre de gravité du mythe, le lieu où Laïos est allé à l'encontre de l'oracle d'Apollon en fécondant Jocaste, le lieu où Jocaste a accouché d'un fils, et où elle l'a reçu comme époux pour enfanter une nouvelle descendance. Vers ce centre du palais, Œdipe se dirige à son tour à la recherche de Jocaste et d'une arme. Il fait jouer le verrou de cette porte qui n'existe que par le récit du Messager (v.1237-1279 et v.1287-1293). Il découvre Jocaste pendue, lui prend son agrafe d'or – l'agrafe que tous les spectateurs ont pu voir sur son manteau – et s'en perce les yeux. Sur cet Œdipe virtuel, le récit du Messager se clôt pour annoncer l'ouverture des portes qui séparent l'intérieur de l'extérieur, l'invisible, de l'espace visible de la représentation.

Cette limite, ce seuil qui ne peut être franchi que par la parole, est aboli par l'écriture cinématographique, comme le montre la belle adaptation de P. Paolo Pasolini (1967). À l'écran, tous les espaces virtuels de la tragédie

---

3. Voir plus bas pour une explication de ces termes.

sont alors montrés ou suggérés, avec beaucoup de préci-
sion et un grand respect de la version de Sophocle, dans
l'ordre chronologique du mythe : scène d'exposition du
bébé sur le Cithéron (v.715-719), rencontre du serviteur
de Laïos et du berger corinthien, qui emporte le bébé (cf.
v. 1133-1179), vie à Corinthe chez le roi Polybe (v. 774
et suivants), consultation de la Pythie à Delphes (v. 787-
793), rencontre avec Laïos, sur son chariot tiré par des
pouliches, à l'endroit où la route fait une fourche
(v. 800-813), victoire remportée sur la Sphinx, peuple et
campagnes de Thèbes consumés par la pestilence,
chambre nuptiale, lieu de l'amour criminel, du suicide
de Jocaste et de l'automutilation d'Œdipe.

Mais toute la force du théâtre grec tient dans ce mur,
dont la première apparition est tangible dans l'*Orestie*
d'Eschyle, de 458 av. J.-C. Par la porte de la *skènè*, un
comédien succède à un autre, et se succède à lui-même
sous un autre masque, d'une scène à l'autre, d'une tragédie à l'autre. Dans *Œdipe Roi*, le même personnage
se cherche, se découvre, et se montre sous deux jours
différents, celui de la victoire ignorante et celui de la
défaite lucide.

Ce lieu théâtral est fait pour l'homme. Le *théatron*
est d'abord l'espace occupé par le public. La religion et
la politique convergent dans cette édification monumen-
tale d'un amphithéâtre immense, miracle d'architecture
et d'acoustique. Au centre de l'*orchestra* se trouve la
thymélè, l'autel du dieu Dionysos. Dans ce théâtre à ciel
ouvert, la nuit se montre conventionnellement en plein
jour. La lumière la plus radieuse du matin se trouve
souillée par le crime d'un homme. Les vieillards qui
dansent et chantent deviendront tout à l'heure des cap-
tives, plus tard des satyres obscènes. C'est dans un
contexte cultuel que se définit la « performance » tragique, la destruction de l'homme en trois temps.

2. Le temps

Le temps de la tragédie grecque n'est pas celui des tragédies classiques en cinq actes. Ni lever de rideau ni tomber de rideau. Et pourtant, une même convention fonde le genre tragique. La tragédie consiste dans la représentation au présent d'une action passée, que celle-ci relève du mythe ou de l'histoire récente, comme pour *La Prise de Milet* de Phrynichos ou les *Perses* d'Eschyle. Contrairement à l'épopée, qui récite au passé la continuité des événements en différant toujours, à la manière de Pénélope, sa conclusion, le théâtre se hâte, en dépit des obstacles, vers sa fin. Pour prendre un nouveau point de comparaison dans le film de P. Paolo Pasolini, où les événements sont dits dans le présent atemporel et abstrait d'une durée cinématographique qui restitue la chronologie du récit originel, le théâtre grec invente l'imitation réactualisée du mythe. Le mythe se rejoue sous les yeux du public. Il cesse d'être seulement chanté, récité, mis en vers ou en strophes par d'habiles aèdes. Il devient l'objet d'un mime, d'une représentation par le geste et la parole. Le présent de l'action dramatique crée la tension susceptible de tenir en haleine des milliers de spectateurs. Ce jeu du passé devenu présent le temps d'une tragédie, le théâtre le fonde pour la représentation unique qui est donnée ce jour-là, mais, du même coup, il l'autorise aussi pour toutes les représentations à venir. Un *Œdipe* d'Eschyle amène un *Œdipe Roi* de Sophocle et un autre d'Euripide. Il justifie à l'avance toutes les reprises, en grec (un décret assurait le financement du chœur pour les reprises d'Eschyle) et dans d'autres langues, et toutes les réécritures, de Corneille, Voltaire ou des contemporains. Le théâtre, en incarnant le mythe, invente les moyens de sa propre survie.

Fragment extrait de la trame infinie du mythe, une tragédie n'est aussi qu'un fragment d'un ensemble plus vaste composé d'une trilogie tragique et d'un drame satyrique. Eschyle a donné à la trilogie, dite *liée*, une progression dramatique. La trilogie de l'*Achilléide* possède ses trois étapes empruntées à la progression de l'*Iliade* : mort de Patrocle dans les *Myrmidons*, mort d'Hector dans les *Néréides*, Priam suppliant Achille de lui rendre le corps de son fils dans les *Phrygiens* ; seule trilogie transmise, l'*Orestie* atteste le même schéma : meurtre d'Agamemnon, vengeance d'Oreste, apaisement final des Érinyes transformées en Euménides.

Une trilogie liée d'Eschyle concernait les *Labdacides* : *Laïos*, *Œdipe*, *Les Sept contre Thèbes,* seule tragédie qui ait subsisté de cette trilogie, et la *Sphinx* (567 av. J-C). La progression dramatique se fait de génération en génération. Voilà ce qu'on peut en reconstituer :

Laïos : Laïos, roi de Thèbes, en dépit de l'avertissement d'Apollon – ne pas avoir de descendance s'il veut préserver sa cité – a fait un enfant à Jocaste et l'a fait exposer sur le Cithéron, mais celui-ci a été sauvé. Sur la route de Delphes, Laïos, désireux de consulter l'oracle, part à la rencontre de sa propre mort ;

Œdipe : recherche du criminel par le nouveau roi, Œdipe, vainqueur de la Sphinx, époux de la veuve, Jocaste ; celui-ci s'avère, au terme de son enquête, n'être autre que le fils et le meurtrier de Laïos ;

Les *Sept contre Thèbes* : lutte de succession fratricide entre Polynice et Étéocle, les fils d'Œdipe, pour le trône de Thèbes (même sujet que les *Phéniciennes* d'Euripide), lutte qui se termine par un mutuel anéantissement des deux frères ;

Sphinx : le drame satyrique revient sur un épisode du cycle thébain et célèbre la victoire d'Œdipe sur le fauve ailé à la voix charmeuse dont les énigmes faisaient mourir les Thébains.

Adaptant l'épopée au théâtre, Eschyle installe son dispositif dramaturgique à l'intérieur du mythe d'Œdipe : *Œdipodie* (épopée dans laquelle la mort de Jocaste n'interrompt pas le règne d'Œdipe), et *Thébaïde*. De même que l'*Électre* reprend la séquence mythique et dramaturgique des *Choéphores*, de même, l'*Œdipe Roi* de Sophocle reprend la pièce centrale de la trilogie des *Labdacides*. Sophocle, sans doute à la différence d'Eschyle, et quelque quarante ou cinquante ans après lui, à une date inconnue, s'inscrit dans un mythe structuré par un précédent dramaturgique.

3. *Œdipe Roi* et la trilogie d'Eschyle

Dans l'unité de la représentation, les trois (ou quatre) parties de la trilogie (ou de la tétralogie) sont bâties de telle sorte que leurs structures se répondent, se répètent ou s'opposent, se complètent ou s'annihilent, même si la trilogie n'est pas liée. C'est là le plus difficile à comprendre. On sait par Aristote que Sophocle et Euripide ont renoncé à la trilogie liée. *Ajax*, *Philoctète*, *Œdipe Roi*, *Antigone* sont des tragédies commentées isolément par Aristote, lecteur et non spectateur, puis transmises isolément. Mais dans une tétralogie, même non liée, la variété dans les thèmes devait introduire une contrainte plus grande encore dans la structure. Selon que la tragédie intervenait en première, deuxième ou troisième position, sa structure devait différer. L'exemple de l'*Orestie* montre que l'*Agamemnon* privilégie le développement de la *parodos* avec anapestes, que les *Choéphores* privilégient le développement d'un *commos* entre les 1er et 2e épisodes au détriment de la *parodos*, que les *Euménides* suivent une structure où le prologue et l'*exodos* sont considérablement développés ; d'autres éléments de symétrie et de variation seraient à noter : le moment où arrive le couple de personnages extérieurs (Agamemnon et Cassandre, Oreste et Pylade), le moment de l'entrée dans le palais au troisième épisode, la place des scènes à deux personnages (Agamemnon-Clytemnestre, Oreste-

Électre, Oreste-Clytemnestre), la présentation des deux couples de cadavres, etc.

Pour comprendre *Œdipe Roi*, il faudrait donc reconstituer la trilogie d'Eschyle et l'*Œdipe*, deuxième tragédie, avec pour seul point d'appui les *Sept contre Thèbes*, troisième tragédie. On ne peut pas reconstituer la tétralogie dramatique dans laquelle prenait place la tragédie de Sophocle : il faut se borner à décrire la tragédie conservée, avec l'idée que pendant la représentation, cette pièce se détachait des autres par son caractère dramaturgique particulier.

Tout porte en effet à penser que cette pièce centrale était la plus statique des trois pièces d'Eschyle : la première, tendue vers l'extérieur, devait montrer Laïos, fils de Labdacos, au seuil de son palais, sur le point de partir et d'aller trouver la mort à l'extérieur de la ville (Laïos est tué par Œdipe : non pas à la suite d'une rivalité amoureuse à propos de Chrysippos, fils de Pélops, qui se serait suicidé après avoir été l'objet de l'amour de Laïos, mais plutôt en cours de voyage, alors qu'il se rendait à Delphes pour interroger l'oracle) ; dans *Œdipe*, le nouveau roi occupe la place centrale laissée par le départ et la mort de Laïos ; les *Sept* montrent les fils d'Œdipe, Polynice et Étéocle, qui combattent pour régner. Dans *Œdipe Roi*, Œdipe est donc au sommet de sa gloire, il s'identifie au palais, d'où il sort, sans jamais s'en éloigner. Les autres arrivent par les côtés : lui reste au centre, et c'est ce centre incarnant la légitimité et le pouvoir, le poursuivant et l'enquêteur, qui va révéler finalement le paria et l'imposteur, le criminel et l'accusé. Les mouvements d'Œdipe sont frontaux : il apparaît, il disparaît. De même que dans l'*Orestie*, Clytemnestre paraît en reine dans l'*Agamemnon* ; et en reine, puis en cadavre dans les *Choéphores*, de même Œdipe se présente en roi à la foule et, à la fin, en aveugle. On dit qu'il a changé de masque. À moins qu'il ne porte depuis le commencement son masque d'aveugle.

L'essentiel reste que, dans l'*Œdipe Roi* de Sophocle, le renversement tragique qui se produit n'est qu'une manière de dramatiser, à l'intérieur d'une tragédie unique, le renversement plus fondamental, structurant, du mythe et de la dramaturgie eschyléenne, tel qu'il se produisait de la première à la seconde tragédie dans les *Labdacides*. L'*Œdipe* d'Eschyle montrait comment la loi du sang se retourne contre Œdipe, meurtrier de Laïos : tel est bien l'objet de l'*Œdipe Roi* de Sophocle, énoncé clairement par l'oracle d'Apollon, rapporté de Delphes par Créon : il faut « chasser les coupables, ou bien les faire payer meurtre pour meurtre » (v. 100). Dans plus d'un vers ambigu, Sophocle fait dire à Œdipe qu'il va « servir le mort » (v. 245), ou qu'il cherche à « se sauver contre la souillure du mort » (v. 313). Le mort agit, il est présent, qu'on le craigne ou qu'on veuille faire valoir ses droits. Nombre de tragédies entretiennent une relation avec les morts : Darius dans les *Perses*, Agamemnon dans les *Choéphores* et les *Électre*, Clytemnestre dans les *Euménides*, Polynice dans *Antigone*. Œdipe succède à Laïos à tous les sens du terme. *Œdipe Roi*, au même titre qu'*Électre*, est le type même de la « seconde tragédie », celle de la vengeance, de la réparation, de l'antithèse.

Mais comme le dit Schiller dans sa lettre à Goethe du 2 octobre 1797, « *Œdipe Roi* n'est guère, en quelque sorte, qu'une analyse tragique. Le tout est déjà accompli, et la pièce se borne à le débrouiller ». L'intérêt dramatique n'est pas dans la surprise et la découverte finale, car tout le monde connaît le mythe : il réside dans la manière dont Sophocle conduit Œdipe à son destin. Tout l'art de Sophocle est de montrer comment se produira, aux propres yeux d'Œdipe, l'avènement de la vérité. L'enjeu dramatique se concentre et se replie sur un drame unique. La tragédie repose sur ses propres forces.

4. Les pieds d'Œdipe

Œdipe, comme son nom l'indique, a les pieds enflés, tuméfiés, depuis le jour où, bébé, il fut porté jusqu'au Cithéron, enchaîné par des entraves qui perçaient ses talons. Pieds gourds d'Œdipe : si l'on veut donner une valeur dramaturgique au mythe, l'infirmité d'Œdipe, à la différence de la cicatrice d'Ulysse, influe sur sa manière de marcher. Dans la dramaturgie tragique, sa position centrale se trouve renforcée par sa démarche particulière ; l'artifice de mise en scène, le jeu restreint à la proximité du palais, se justifie par l'infirmité du personnage.

Pourquoi Œdipe court-il autant dans le film de Pasolini ? précipitation de l'homme qui se jette à corps perdu au-devant de son destin ? naturalisme cinématographique ? À vrai dire, il ne court plus une fois devenu roi.

Au théâtre, la démarche d'Œdipe est lente, entravée, gênée, sans aller jusqu'à la boiterie[4]. Elle n'est pas un défaut, au sens réaliste. Elle est une forme de définition du personnage tragique, engoncé dans ses propres limites physiques, enfermé en lui-même, incapable de mouvement libre. Les entraves sont justement ce qui permet au comédien de développer une démarche et une

---

4. Si Œdipe boitait, Sophocle le dirait, comme Homère le fait pour Thersite ou Héphaïstos. Il faut prendre la boiterie d'Œdipe, telle qu'elle est analysée par Cl. Lévi-Strauss ou J.-P. Vernant, dans un sens métaphorique ou symbolique. Le défaut se répéterait à chaque génération, de Labdacos, boiteux (littéralement, en forme de la lettre grecque *labda*, mais encore faudrait-il savoir de quel *labda* il s'agit) à Œdipe (« aux pieds enflés ») en passant par Laïos (« gauche »), cf. Cl. Lévi-Strauss, *Anthropologie structurale*, p. 235 ss., et J.-P. Vernant, « Le Tyran boiteux : d'Œdipe à Périandre », *passim* 1981 (repris dans *Œdipe et ses mythes*).

gestuelle efficaces[5]. Le mouvement est la négation de ce qui le retient. La présence d'un comédien se mesure à la contrainte qu'il affronte dans chacune de ses attitudes. Œdipe est retenu, incapable d'aller de l'avant, lié à lui-même. Avec sa blessure aux pieds, plus ou moins enfouie, plus ou moins douloureuse, Œdipe est donc le personnage idéal pour un comédien, le personnage tragique par définition.

Œdipe est paralysé. Il fait corps avec le palais comme avec le corps maternel. Il ne va pas, comme Oreste ou Électre, ces exclus du pouvoir, gambader sur l'*orchestra*, en lorgnant vers les portes du palais. Il représente le pouvoir. Le mythe veut qu'il fasse corps avec les siens, au point de les retrouver lorsqu'il croit leur avoir échappé. Chacune de ses apparitions est un espoir pour le peuple – suppliants agenouillés aux marches du palais, vieillards du Chœur attentifs. Comme Clytemnestre dans l'*Agamemnon* d'Eschyle, il paraît à sa porte, mais nul ne vient revendiquer sa place, sauf peut-être Créon qu'il rejette. Le pouvoir exprime et assied sa domination intellectuelle et morale, sa clair-voyance, et conséquemment son caractère tragique. Scéniquement, il est là, dans toutes les parties dialo-guées – depuis le début. Il ne manque pas une scène, ou quand il entre après les autres dans un espace déjà occu-pé par Créon, il devient furieux.

Ses pieds tuméfiés, entraves qui le lient en lointain aux portes du palais, font d'Œdipe, depuis Eschyle, le rôle par excellence. Comme Philoctète, cet autre in-firme, retenu contre son gré à Lemnos, la démarche naturelle lui est interdite ; mais à la différence de Philoctète, il ne boite pas : c'est sa démarche tout en-tière qui est freinée, qui devient puissante, exagérée,

---

5. Voir, par exemple, *L'Anatomie de l'acteur. Dictionnaire d'an-thropologie théâtrale*, d'Eugenio Barba et Nicola Savarese, ouvrage issu des recherches de l'International School of Theatre Anthropology, 1985, p. 9-11, et tout le chapitre sur l'altération de l'équilibre.

comme ses colères, comme sa volonté d'aller, une fois lancé, jusqu'au bout.

Non moins attentif aux pieds est Eschyle dans *Agamemnon*. Eschyle aime les personnages muets et immobiles. Aristophane l'a souligné dans ses *Grenouilles* (v. 911-920) : Niobé, Achille restaient longtemps silencieux sur scène ; de même, Agamemnon, immobile sur son char, pendant que Clytemnestre argumente et se défend, en guise d'accueil, n'a qu'un pas à faire. Mais ce pas est l'enjeu d'une longue négociation. L'élan croît à proportion de ce qui le retient. Agamemnon mettra le pied sur le tapis de pourpre, après avoir délié ses sandales.

La tragédie porte donc une attention particulière aux pieds, aux pas, à la démarche. C'est d'abord là que se marque l'origine d'un personnage (aussi bien que la qualité féminine, guerrière ou respectable d'un chœur). Le contact entre le passé et le présent passe d'abord par les pieds. À la démarche du comédien, on peut mesurer la qualité d'une interprétation scénique d'Œdipe — et d'une tragédie grecque en général.

Œdipe a aussi un visage. Son visage est défini par un masque. Ton visage-masque ne m'effraie pas, dit Tirésias (cf. v. 452). Jamais un autre personnage de tragédie n'a été mieux défini par un masque qu'Œdipe. Il est une voix, et un regard – continuellement ébloui par le soleil dans le film de Pasolini. Son masque exprime son acuité visuelle, celle qui lui a donné sa clairvoyance devant la Sphinx, mais les trous de son masque annoncent ses orbites bientôt énucléées par l'agrafe de Jocaste. Chez Pasolini, la scène est montrée : Œdipe découvre Jocaste pendue, il lui ôte sa fibule, laissant la tunique tomber et dévoiler la sensualité de son amante et la maternité de sa mère, puis il se crève violemment les yeux. Voilà pourquoi le masque, le *prosôpon*, c'est par excellence Œdipe : celui qui rend son visage conforme à son masque.

La fonction du masque, en même temps, est de révéler aux autres la vérité du personnage : celle-là même qu'Œdipe recherche en vain autour de lui. Aristote a défini *Œdipe Roi* comme une tragédie de la reconnaissance. Ici, ce ne sont pas Électre et Oreste qui se retrouvent, mais Œdipe qui est aux prises avec lui-même, qui poursuit celui que Tirésias lui désigne et qu'il se refuse à voir.

5. Tragique et destin

Le tragique ne préexiste pas à la tragédie. On parle trop vite du destin tragique d'Hector, ou d'Achille, parce qu'il serait connaissance et acceptation de la mort à venir. La douleur de Priam s'agenouillant devant l'assassin de ses fils n'est pas tragique – dans l'*Iliade*. Quelle que soit la force du pathétique, quelle que soit la brutalité du destin, l'événement, en lui-même, la mort de Sarpédon, la mort de Patrocle, le suicide d'Ajax, n'est pas tragique. Qu'un fait de ce genre puisse se prêter au récit, être redit, narré, chanté, lui donne une affinité naturelle avec l'épopée. Ce qui est digne d'être dit passe en rumeur et en chant. De ce point de vue, il n'y a pas de différence entre la poésie lyrique de Pindare et l'épopée. Seule l'intrusion du sujet lyrique, – du sujet maître souverain de son discours – différencie la nature des poésies épiques et lyriques. L'événement, sur le point d'être dit, est donc épique ou lyrique. Il porte en lui la gloire, la rumeur, le bruit, le *kléos* ; éventuellement, il faut y ajouter le pathétique, la tristesse : l'émotion du public, l'émotion d'Achille devant la douleur de Priam qui se produit à l'aide d'un transfert (« Souviens-toi de ton père », dit Priam à Achille). Formalisation d'un récit – telle est l'épopée, avec une mise à distance de la fin, qui fonde son esthétique dans l'*Iliade* et dans l'*Odyssée*.

Conséquence de cette rigueur nécessaire : le tragique

d'Œdipe ne réside pas dans son malheur. Qu'est-ce alors que la tragédie ? Il n'est pas facile de le comprendre aujourd'hui. Sans destin, on peut douter qu'il puisse exister un théâtre tragique. Sans confrontation du héros avec une mise en scène tragique, l'écrasement final ne serait rien : dans le théâtre de Beckett, l'anéantissement même du temps et des personnages ne peut conduire qu'à un drame impossible. L'impossibilité même de l'action rend inutile toute lutte tragique.

Œdipe Roi est la tragédie de la prévision impossible du point de vue de l'homme. Œdipe, personnage incarnant la sagacité de l'homme, et non pas seulement le succès et le bonheur, se voit anéanti dans son pouvoir visionnaire. Il n'est pas indispensable qu'il meure (Jocaste meurt), ni même qu'il soit chassé. Le mythe le refuse. Le destin, pour lui, est double : il affronte victorieusement la Sphinx, faisant triompher sa propre lucidité ; il se crève les yeux, détruisant son don visionnaire qui ne lui avait servi de rien.

Pour se punir, il met fin à son propre regard. (Pour les Anciens, le regard est une faculté active, qui va vers son objet ; la vue procède par contact.) L'énucléation, en l'empêchant de voir ses crimes, mure Œdipe dans l'obscurité. L'importance de l'œil est mise en avant dans les scénographies de Cocteau ou Picasso[6] : l'Œil du Temps veille et rétablit la vérité.

La présence du destin se mesure à la capacité humaine de prévoir, d'analyser, ou d'ignorer. Tirésias est la figure antithétique que suscite à rebours l'aveuglement d'Œdipe. C'est une figure essentiellement dramaturgique. Elle n'est pas nécessaire au mythe. C'est sans Tirésias que la vérité advient. C'est malgré lui, pour ainsi dire, que la vérité, énoncée préliminairement, est découverte par Œdipe. C'est le temps qui sécrète la véri-

---

6. Voir les références en fin d'ouvrage dans l'annexe : Histoire moderne d'*Œdipe Roi*.

té, avec la collaboration tragique du protagoniste. Centrée sur la connaissance de soi et de son propre destin, *Œdipe Roi* est la tragédie par excellence.

Les crimes d'Œdipe sont des crimes contre le processus même du temps. Œdipe était le maître du temps, le maître des énigmes de la Sphinx qui ont toutes trait au temps. Est-ce cela, la démesure dont il s'est rendu coupable ? Par sa démesure, ne faisait-il pas que porter à leur accomplissement les promesses des oracles ? Renversant l'ordre des choses, Œdipe a mêlé sa semence à celle de son père, est devenu le frère de ses enfants, le père de ses frères, l'époux de sa mère, le fils de son amante. La souillure engendrée par ce désordre provoque la stérilité et la mort. Les femmes accouchent d'enfants morts-nés. C'est pourquoi les premiers suppliants sont des vieillards et des enfants. Un rapport se noue entre ces deux extrémités de la chaîne. Les enfants, promesse de la cité, sont menacés dans leur croissance, dans leur vie. Le vieillard est au terme de sa vie, qu'il a pu accomplir et mener jusqu'au bout. Sous un autre aspect, capital, qui les réunit dans la tragédie, les enfants guident les vieillards aveugles.

Œdipe est donc coupable d'avoir inversé le cours des choses. Il est le symbole de l'homme, et l'exemple même du criminel inhumain. La maxime de la sagesse grecque – qu'on trouve chez Théognis, Bacchylide, Plutarque, et que la *Dispute d'Homère et d'Hésiode* attribue à Homère – est citée dans l'autre tragédie consacrée par Sophocle à Œdipe, *Œdipe à Colone* (v. 1224-1227) :

> Ne pas naître, voilà qui vaut
>   plus que tout. Si l'on voit le jour,
> il ne reste qu'à fuir là-bas,
>   d'où l'on venait, le plus tôt possible.

Œdipe n'a-t-il pas accompli à la lettre cette règle de la sagesse grecque ? Il est retourné dans le giron maternel. Il a tué son père pour engendrer des fils qui soient en même temps ses frères.

Œdipe est pris au piège du temps qui accomplit toutes choses. « Sa tête commençait à se givrer de reflets blancs, dit Jocaste à Œdipe. Il avait à peu près ton aspect. » Le temps de la tragédie est celui d'une saison qui revient, d'un nouveau cycle qui s'achève, et qui conduit inéluctablement – la nécessité formelle et la fatalité allant main dans la main – le héros à sa destination annoncée.

6. Contrainte et mesure : la mise en scène de la parole

Parlé, récité, ou chanté : c'est sur cette triple modalité du langage poétique qu'est fondée la parole théâtrale. La triple origine de la tragédie se trahit par-là. Même dans ses parties parlées, rien de moins naturaliste que le vers tragique grec. Quantitatif, fondé sur la durée de ses voyelles et de ses syllabes, il ne souligne pas le pathétique par les accents intensifs des mots comme dans le vers de Shakespeare, par exemple, ou dans le vers dramatique de Goethe. La diction ne se construit pas à grands coups de mots expressifs. Comme l'a montré Nietzsche dans une lettre à Carl Fuchs[7], l'expression refuse l'intensité et l'effet. Le *pathos* n'y est pas exalté mais discipliné. L'acteur chante, psalmodie toujours d'une certaine façon. Le rythme, aussi étonnant que cela puisse paraître, ne repose pas sur le mot individuel. Il en est indépendant. Il repose sur le temps.

Le vers des parties parlées est le trimètre iambique. C'est le plus proche de la langue parlée, dit Aristote dans la *Poétique*. C'est un vers très souple et strict à la fois, qu'on ne saurait traduire en français par l'alexandrin : il

7. Date supposée : fin août 1888.

n'est pas symétrique. Sa césure principale intervient une syllabe après le premier mètre iambique. Il n'est pas isosyllabique, car une syllabe longue peut toujours être résolue en deux brèves. Enfin, il n'est pas isochronique, car on peut avoir, pour un mètre iambique, le schéma « brève, longue, brève, longue » aussi bien que le schéma « longue, longue, brève, longue ». De plus, la diction doit ménager de nombreux rejets et contre-rejets très hardis.

Les passages de récitatif sont rares dans *Œdipe Roi*. Les dimètres anapestiques (quatre fois le schéma brève, brève, longue) ne sont pas de mise lors de l'entrée du chœur. Leur effet dramatique, utilisé avec tant de majesté par Eschyle dans les entrées des *Perses*, des *Suppliantes* ou d'*Agamemnon*, et plus subtilement par Sophocle dans *Électre* ou *Philoctète*, est réservé à l'intense apparition d'Œdipe aveugle et tâtonnant (v.1297-1311) : le Chœur scande l'arrivée d'Œdipe, puis Œdipe, sur le même rythme, prononce quelques vers, avant de commencer à chanter le *commos*.

Des tétramètres trochaïques catalectiques (un mètre trochaïque : longue, brève, longue, longue ou brève) haussent les derniers mots de la tragédie au récitatif, pour un dernier échange entre Œdipe et Créon et une conclusion du chœur.

Les parties chantées ne peuvent plus être goûtées pour elles-mêmes, en l'absence de la musique et de l'orchestique. Il faut seulement tenter d'en apprécier le rythme, qui est en soi un langage, intermédiaire de la poésie, du chant et de la danse, et certains effets sonores de correspondance strophique. Ces chants constituent l'émergence lyrique d'un chœur prépondérant dans le spectacle. À partir de son entrée, sans cesse, le Chœur est là, présent, vivant, même lorsqu'il est réduit au silence par le dialogue des acteurs. « Si ce sont de pareilles mœurs que l'on honore désormais, quel besoin ai-je vraiment de former ici des chœurs ? », chante le

Chœur dans le second *stasimon*. Un rapport antagoniste se crée entre le chaos qui déferle sur la tragédie et la beauté nécessaire de la danse.

Le rapport de la tragédie à l'épopée est celui de l'iambe au dactyle. Aussi, les dactyles du premier chant choral expriment-ils un certain rapport à l'épopée (encore que nous ne puissions juger de la relation de la tragédie à l'*Œdipodie* perdue), aux énigmes chantées de la Sphinx et à la parole de Zeus, apostrophée, ainsi qu'aux trois oracles d'Apollon, exprimés par la Pythie à Delphes : l'un reçu par Laïos, l'autre par Œdipe venu de Corinthe, le troisième rapporté par Créon. Car le mètre, en liaison avec la musique, exprime son appartenance à la tradition, un genre, un mode expressif, qu'il est difficile d'appréhender. Ces rythmes, ces micro-architectures, accompagnés de gestes, scandés par des pas, ne se réduisent pas à des schémas métriques. Ils sont accessibles à qui veut les recréer dans une parole vivante.

7. La prononciation du grec ancien (et du français)

Pour rendre justice aux vers de Sophocle, et retrouver le plaisir particulier qu'offrent leurs harmonies, il est possible de les lire en reconstituant leur rythme. Afin de faciliter la tâche de ceux qui s'emploient à scander à voix haute les voyelles et les syllabes, longues ou brèves, du vers de Sophocle, on a précisé certaines valeurs de durée. Comme parfois sur les papyrus antiques, et d'après l'exemple plus récent de M. Stephen Daitz[8], on n'a pas hésité à noter les voyelles longues pour lesquelles l'alphabet ionien est insuffisant (*alpha, iota, upsilon*). Dans le cas où l'accent circonflexe ou

---

8. Qui a enregistré notamment les *Oiseaux* d'Aristophane, l'*Iliade*, et l'*Odyssée* (The Living Voice of Greek and Latin Literature, Jeffrey-Norton publ., Guilford CT-Londres).

l'iota souscrit les révèle comme longues, on n'a rien ajouté. Cette pratique permet ainsi au lecteur qui n'est pas spécialiste de la phonétique grecque de s'entraîner à la lecture quantitative du vers grec. Autre avantage de la détermination des quantités vocaliques : celui de pouvoir intoner les accents, mélodiques et non intensifs, de la langue grecque, en distinguant sur les longues l'intonation ascendante (aigu, éventuellement grave) et l'intonation descendante (circonflexe). Comme on le sait, l'évolution de l'accent dans la langue grecque, à partir d'une certaine époque et jusqu'aujourd'hui dans la langue néo-hellénique, ne permet plus d'opposer aigu et circonflexe. Mais il serait dommage de se priver des ressources expressives auxquelles recourt Sophocle. Or, l'intonation en est une, particulièrement précieuse puisqu'elle donne le versant musical de la langue. Sa réalisation facilite le maintien de la quantité vocalique et empêche le lecteur moderne de tomber dans une diction accentuelle intensive, tout à fait contraire à l'esprit musical du rythme, et, par suite, à l'expression dramatique des émotions.

Ajoutons, pour le lecteur francophone, les principaux points sur lesquels la prononciation attique restituée standard diffère de la prononciation scolaire, pseudo-érasmienne, encore en usage. Comme lorsqu'il a fallu abandonner la prononciation ecclésiastique du latin, réformée depuis deux ou trois générations, l'effort doit porter sur les occlusives (distinguer les sourdes non aspirées et les sourdes aspirées, notamment le *phi*, occlusive – et non spirante – à prononcer $p^h i$, en faisant suivre l'occlusive *p* d'un souffle sourd), sur les diphtongues *au* et *eu* (à prononcer *aw*, *ew* ; pour les diphtongues anciennes *ei* et *ou*, on admettra pour simplifier et peut-être anticiper de quelques années sur leur évolution, qu'elles se confondent avec les digrammes *ei* et *ou*, qui notent le *é* long fermé et le *o* long fermé). La prononciation réformée du latin n'est pas allée, en général, jusqu'au rendu de la quantité et de l'accent : c'est regrettable, et la difficulté est accrue par l'abandon de la notation des quantités vocaliques dans les éditions et les grammaires en usage. En grec, la notation des *alpha*, *iota* et *uspilon* longs permet d'obtenir pour les sept voyelles de l'alphabet ionien une répartition claire des cinq timbres vocaliques selon leur quantité, brève ou longue.

Le dernier point de prononciation concernera le nom français d'Œdipe. La prononciation de la diphtongue « œ », plutôt rare et cantonnée dans des mots scientifiques (œsophage, œdème) vient du grec « *oi* », transcrit par « *œ* » en latin. La prononciation ecclésiastique du latin a rendu cette diphtongue par le son « *é* ». « *Oidipous* » en grec, « *Œdipus* » en latin : il faudrait donc prononcer comme si l'on écrivait « *Édipe* » (*Edipo* en italien), comme dans « *économie* », du grec « *oikonomia* ». Mais suite à un glissement et à l'influence du groupe « *œu* » dans des mots plus courants (cœur, œuf, etc.), le « *e dans l'o* » se prononce « *eu* », d'une manière tout à fait irrationnelle, qui rétablit une diphtongue, sans aucun rapport avec l'origine du nom. Le « complexe d'*Eudipe* » a sans doute contribué à répandre une prononciation qui n'est pas encore irréversible.

8. La structure de la tragédie

La composition des tragédies varie autour d'éléments fixes. Aristote, dans sa *Poétique*, en donne les principaux composants, confirmés par l'analyse des tragédies transmises. Les parties dialoguées (prologue, épisodes, *exodos*) alternent avec les parties chorales *(parodos, stasima)*. À l'intérieur d'un épisode ou de l'*exodos*, on trouve parfois un *commos*, dialogue mi-parlé, mi chanté (ou mi-récité, mi-chanté) entre un acteur et le chœur.

prologue parlé (qui n'est pas obligatoire chez Eschyle)

parodos, chantée (avec ou sans récitatif) : entrée du chœur

1er épisode (parlé)

1er stasimon (ou chant du chœur sur place)

2e épisode (parlé)

2e stasimon

3e épisode (parlé)

3e stasimon

(4e épisode)

(4e stasimon)

exodos : parlé et récité, « sortie du chœur » (la partie finale qui suit le dernier chant du chœur) ; souvent sous forme de *commos* (chanté-parlé, ou chanté-récité)

Ce schéma s'applique à *Œdipe Roi* : même si le prologue y est très développé, la notion d'acte est tout à fait étrangère au théâtre grec jusqu'à la comédie nouvelle, qui fait disparaître les chants du chœur. Il y aurait quelque danger à l'appliquer à la composition d'*Œdipe Roi*. Cela suggérerait à tort que les passages lyriques ne sont que des intermèdes ; on entérinerait une évolution qui va se produire, mais qui n'est pas encore accomplie. L'origine de la tragédie indique que c'est le contraire qui est vrai. L'unité d'une pièce est donnée par la présence ininterrompue du chœur, dès le commencement de la pièce, ou après un prologue parlé. Durant tout le spectacle, le chœur est là : qu'il chante, parle ou se taise, il réagit, s'oppose, encourage, commente, devance, rappelle, participe à l'action dramatique comme à l'expression lyrique et orchestique du spectacle. Chez Sophocle, l'amoindrissement du chœur correspond à un développement de l'aspect dramatique, qui est peut-être dû en partie à l'abandon de la trilogie liée, mais ni sa fonction ni sa présence ne sont mises en cause.

L'arrivée et le départ des personnages détermine la succession des différentes scènes dans un même épisode. Avec ses trois acteurs, Sophocle augmente le potentiel d'Eschyle. Du coup, la scène à un acteur devient plus restreinte : elle n'est souvent qu'une transition. La scène à deux acteurs devient la scène-type, comme au second épisode. Mais c'est le troisième acteur qui, en créant le surnombre, apporte une nouvelle dynamique. Ainsi Jocaste, au deuxième épisode, devient le centre d'une brève situation triangulaire, jusqu'au départ de Créon. Dans le troisième épisode, la scène à trois acteurs devient structurelle. Œdipe et Jocaste font comparaître un témoin extérieur ; puis, pour que la confrontation des deux témoins soit possible, il faut que Jocaste sorte brutalement au milieu de l'épisode : une danse du Chœur permet ainsi à l'acteur de se changer pour revenir sous un autre masque.

Structure d'*Œdipe Roi*

Prologue :
Œdipe, Prêtre ;
Œdipe (Prêtre), Créon
Prêtre
Parodos : « Ô douce parole de Zeus...»

1er épisode :
Œdipe
Œdipe, Tirésias

1er stasimon : « Que dire ? Je ne sais. »

2e épisode :
Créon
Créon, Œdipe ;
Créon, Œdipe, Jocaste ;
commos
Jocaste, Œdipe

2ᵉ stasimon : « *La démesure enfante le tyran.* »

3ᵉ épisode :
Jocaste, le Corinthien, puis Œdipe
Hyporchème[9]
Œdipe, le Corinthien, le Serviteur

3ᵉ stasimon : « *Le Temps t'a découvert.* »

Exodos :
Messager ;
Œdipe ;
commos
Œdipe, Créon (Antigone et Ismène)

Les travaux récents sur la tragédie de Sophocle menés par J. Irigoin[10] montrent que la construction proportionnelle des parties, la cohérence entre le nombre des vers parlés, les recherches d'un système dans le nombre des temps, lié à celui des pas, témoignent d'une architecture géométrique, non chaotique, de la tragédie : la violence – exaltée par nombre de représentations contemporaines – est présente, mais elle est dominée. La contrainte formelle, la mesure qui régule le déroulement des différentes parties font de la tragédie un art où la violence est contenue, non exacerbée.

Le poète Hölderlin a présenté des remarques sur *Œdipe Roi* et d'*Antigone* en 1804, en accompagnement de ses traductions. Son étude sur la place de la césure dans la structure d'ensemble y est exemplaire et d'une force pénétrante rarement atteinte par les Modernes, plu-

9. Selon certains commentateurs, que nous n'avons pas suivis, cette danse constituerait un troisième *stasimon*, suivi d'un quatrième épisode.

10. À propos d'autres pièces de Sophocle : cf. ses articles parus dans les *Entretiens sur l'Antiquité Classique*, tome XXIX, et dans les Actes du colloque *Sophocle. Le texte, les personnages.*

tôt préoccupés par les interprétations anthropologiques du mythe. Hölderlin remarque que la césure est, dans les deux tragédies, représentée par la scène avec Tirésias. Et que celle-ci se produit plutôt en arrière dans *Antigone* et plutôt en avant dans *Œdipe Roi*, ce qui traduit deux types de tension et d'équilibre exactement inverses dans l'une et l'autre tragédie. Dans *Œdipe Roi*, tout le poids est en amont, dans la partie la plus courte. Toute la force s'accumule et se concentre dans le commencement et en deçà, portant ainsi le long développement qui suit.

9. Traduire Sophocle

La traduction impose une attitude particulière. On demande au traducteur d'être fidèle à l'esprit, à la lettre, à la forme, au sens, comme si, dans son exercice de superposition, la transparence était possible. Chacun croit y parvenir à sa manière. Comment rendre la sobriété, la rigueur du vers de Sophocle ? Comment faire entendre la fine rythmique de ses chansons ? Au XIXe siècle, ce fut dans les alexandrins de Jules Lacroix que s'illustrèrent les comédiens, et notamment le fameux Mounet-Sully en 1881 :

« Enfants, du vieux Cadmus jeune postérité… »

Césure à l'hémistiche, inversion stéréotypée, rimes furent ensuite abandonnées[11], ainsi que la pose égocentrique et déclamatoire qui avait fait le succès de l'interprétation. Paul Mazon (1874-1955), qui s'était beaucoup intéressé aux traductions en prose de Madame Dacier, devint, outre le spécialiste d'Aristophane qu'il était, traducteur d'Hésiode, de l'*Iliade*, d'Eschyle et Sophocle. Son nom est bien connu des hellénistes. Les nouvelles

---

11. Contre-exemple : Jean-René Chevaillier, en 1941 : « De l'antique Cadmos jeune postérité… »

générations savent peut-être moins que ce professeur, amateur de théâtre, a encouragé ses étudiants, réunis autour de Roland Barthes et Jacques Veil, à monter en 1936 une représentation des *Perses*, adaptée de sa traduction, dans la cour d'honneur de la Sorbonne. Dans la mise en scène de Maurice Jacquemont, et avec la musique de Jacques Chailley, ce spectacle a constitué l'une des pièces maîtresses du répertoire du Groupe de Théâtre Antique de la Sorbonne pendant vingt-cinq ans. Les *Perses*, et les traductions d'*Agamemnon* (1947), des *Choéphores* (1949 – mais la pièce avait été montée en 1937 par Maria Malandrino) furent jouées et reprises de nombreuses fois par le GTA, où firent leurs armes des générations de jeunes étudiants tels que Jean Gillibert, Jacques Lacarrière ou Jean-Pierre Miquel[12]. La traduction d'*Œdipe Roi* fut adaptée par A. Obey et jouée avec la musique d'A. Honegger, dans un décor de Picasso, en 1947. L'acteur Pierre Blanchar jouait Œdipe : son éloquence pathétique et larmoyante semblait déjà surannée.

Aujourd'hui encore, plus d'une troupe met à profit le travail de P. Mazon : qu'il suffise de citer le récent spectacle des *Danaïdes*, mis en scène par Silvio Purcarete[13].

En présentant cet *Œdipe Roi*, je suis surtout sensible à cette continuité d'un travail sur le théâtre antique, d'une génération à une autre, et à la dimension théâtrale dont s'auréole encore le texte français. Je n'ai pas souhaité « revoir » la traduction[14]. Des notes envisagent ici ou là une interprétation différente. Je me suis permis de réécrire en partie les didascalies, en les simplifiant, en

12. J. Lacarrière a traduit *Œdipe roi* aux éditions du Félin, 1994 ; J.-P. Miquel est notamment l'auteur de *Propos sur la tragédie*, qui contiennent un chapitre « Jouer la tragédie grecque antique », Actes Sud, 1997.

13. Grande Halle de la Villette, septembre 1996.

14. Sauf sur un détail : le Chœur, à propos de Jocaste qui rentre précipitamment dans le palais, dit : « Pourquoi *part*-elle ainsi, Œdipe ? ». P. Mazon avait écrit : « sort » (v.1073).

précisant la structure et en laissant l'interprétation dramaturgique ouverte, là où elle doit l'être. Et bien qu'il soit souhaitable de recommencer un jour l'entreprise de traduction, en adoptant des contraintes rythmiques que ne se donnait pas P. Mazon – mais que J. Chailley s'imposait pour écrire la musique de ses chœurs – il me paraît important de rappeler la valeur d'une traduction qui a servi à l'illustration du théâtre antique pendant plus d'un demi-siècle. P. Mazon ne feint pas d'écrire en vers sous le prétexte d'aller à la ligne. Si cette traduction en prose, alliée à l'édition d'Alphonse Dain, continue de prévaloir, c'est également parce qu'elle ne laisse ni le scrupule philologique ni l'illusion du sens littéral nuire à la compréhension immédiate du lecteur-spectateur.

ŒDIPE ROI

ΟΙΔΙΠΟΥΣ ΤΥΡΑΝΝΟΣ

ΟΙΔΙΠΟΥΣ

Ὦ τέκνα, Κάδμου τοῦ πάλαι νέα τροφή,
τίνας ποθ' ἕδρας τάσδε μοι θοάζετε
ἱκτηρίοις κλάδοισιν ἐξεστεμμένοι;
Πόλις δ' ὁμοῦ μὲν θυμιαμάτων γέμει,
ὁμοῦ δὲ παιάνων τε καὶ στεναγμάτων·   5
ἁγὼ δικαιῶν μὴ παρ' ἀγγέλων, τέκνα,
ἄλλων ἀκούειν αὐτὸς ὧδ' ἐλήλυθα,
ὁ πᾶσι κλεινὸς Οἰδίπους καλούμενος.
Ἀλλ', ὦ γεραιέ, φράζ', ἐπεὶ πρέπων ἔφυς
πρὸ τῶνδε φωνεῖν· τίνι τρόπῳ καθέστατε,   10
δείσαντες ἢ στέρξαντες; ὡς θέλοντος ἂν
ἐμοῦ προσαρκεῖν πᾶν· δυσάλγητος γὰρ ἂν
εἴην τοιάνδε μὴ οὐ κατοικτίρων ἕδραν.

ΙΕΡΕΥΣ

Ἀλλ', ὦ κρατύνων Οἰδίπους χώρας ἐμῆς,
ὁρᾷς μὲν ἡμᾶς ἡλίκοι προσήμεθα   15
βωμοῖσι τοῖς σοῖς, οἱ μὲν οὐδέπω μακρὰν
πτέσθαι σθένοντες, οἱ δὲ σὺν γήρᾳ βαρεῖς,
ἱερεύς, ἐγὼ μὲν Ζηνός, οἵδε τ' ἠθέων

---

1. « Notre vieux Cadmos » : « l'antique Cadmos » est le fondateur de Thèbes, l'arrière-grand-père de Laïos, et l'ancêtre des jeunes aristocrates venus supplier le nouveau roi, étranger, qu'est Œdipe. Le possessif, qui fait l'alexandrin blanc, est un peu abusif.

2. On ne peut exclure, contre la conjecture de Bentley adoptée par A. Dain et P. Mazon, le pluriel pour le mot « prêtres ». Le Prêtre dit

ŒDIPE ROI

PROLOGUE

*Devant le palais. Un groupe d'enfants sur les degrés du seuil.
Ils portent des rameaux d'olivier. Debout, au milieu d'eux, est le
prêtre de Zeus.*

ŒDIPE. – Enfants, jeune lignée de notre vieux
Cadmos[1], que faites-vous là ainsi à genoux, pieusement
parés de rameaux suppliants ? La ville est pleine tout
ensemble et de vapeurs d'encens et de péans mêlés de
plaintes. Je n'ai pas cru dès lors pouvoir laisser à
d'autres le soin d'entendre votre appel, je suis venu à
vous moi-même, mes enfants, moi, Œdipe – Œdipe au
nom que nul n'ignore. Allons ! vieillard, explique-toi : tu
es tout désigné pour parler en leur nom. À quoi répond
votre attitude ? À quelque crainte ou à quelque désir ?
Va, sache-le, je suis prêt, si je puis, à vous donner une
aide entière. Il faudrait bien que je fusse insensible pour
n'être pas pris de pitié à vous voir ainsi à genoux.

LE PRÊTRE. – Eh bien ! je parlerai. Ô souverain de
mon pays, Œdipe, tu vois l'âge de tous ces suppliants à
genoux devant tes autels. Les uns n'ont pas encore la
force de voler bien loin, les autres sont accablés par la
vieillesse ; je suis, moi, prêtre[2] de Zeus ; ils forment,

---

qu'il y a plusieurs vieillards, « des prêtres : je suis celui de Zeus ». Le
pluriel de majesté est encore possible si l'on n'admet pas la présence
de plusieurs vieillards.

λεκτοί· τὸ δ' ἄλλο φῦλον ἐξεστεμμένον
ἀγοραῖσι θᾶκεῖ, πρός τε Παλλάδος διπλοῖς   20
ναοῖς, ἐπ' Ἰσμηνοῦ τε μαντείᾳ σποδῷ.
Πόλις γάρ, ὥσπερ καὐτὸς εἰσορᾷς, ἄγαν
ἤδη σαλεύει, κἀνακουφίσαι κάρα
βυθῶν ἔτ' οὐχ οἷά τε φοινίου σάλου,
φθίνουσα μὲν κάλυξιν ἐγκάρποις χθονός,   25
φθίνουσα δ' ἀγέλαις βουνόμοις τόκοισί τε
ἀγόνοις γυναικῶν· ἐν δ' ὁ πυρφόρος θεὸς
σκήψας ἐλαύνει, λοιμὸς ἔχθιστος, πόλιν,
ὑφ' οὗ κενοῦται δῶμα Καδμεῖον, μέλας δ'
Ἅιδης στεναγμοῖς καὶ γόοις πλουτίζεται.   30
Θεοῖσι μέν νυν οὐκ ἰσούμενός σ' ἐγὼ
οὐδ' οἵδε παῖδες ἑζόμεσθ' ἐφέστιοι,
ἀνδρῶν δὲ πρῶτον ἔν τε συμφοραῖς βίου
κρίνοντες ἔν τε δαιμόνων ξυναλλαγαῖς.
ὅς γ' ἐξέλυσας ἄστυ Καδμεῖον μολὼν   35
σκληρᾶς ἀοιδοῦ δασμὸν ὃν παρείχομεν
καὶ ταῦθ' ὑφ' ἡμῶν οὐδὲν ἐξειδὼς πλέον
οὐδ' ἐκδιδαχθείς, ἀλλὰ προσθήκῃ θεοῦ
λέγῃ νομίζῃ θ' ἡμῖν ὀρθῶσαι βίον.
Νῦν τ', ὦ κράτιστον πᾶσιν Οἰδίπου κάρα,   40
ἱκετεύομέν σε πάντες οἵδε πρόστροποι
ἀλκήν τιν' εὑρεῖν ἡμίν, εἴτε του θεῶν
φήμην ἀκούσας εἴτ' ἀπ' ἀνδρὸς οἶσθά του·
ὡς τοῖσιν ἐμπείροισι καὶ τὰς ξυμφορὰς
ζώσας ὁρῶ μάλιστα τῶν βουλευμάτων.   45
Ἴθ', ὦ βροτῶν ἄριστ', ἀνόρθωσον πόλιν·
ἴθ', εὐλαβήθηθ'· ὡς σὲ νῦν μὲν ἥδε γῆ

3. Fils d'Apollon et de la nymphe Mélie.

eux, un choix de jeunes gens. Tout le reste du peuple, pieusement paré, est à genoux, ou sur nos places, ou devant les deux temples consacrés à Pallas, ou encore près de la cendre prophétique d'Isménos[3]. Tu le vois comme nous, Thèbes, prise dans la houle, n'est plus en état de tenir la tête au-dessus du flot meurtrier. La mort la frappe dans les germes où se forment les fruits de son sol, la mort la frappe dans ses troupeaux de bœufs, dans ses femmes qui n'enfantent plus la vie. Une déesse porte-torche, déesse affreuse entre toutes, la Peste[4], s'est abattue sur nous, fouaillant notre ville et vidant peu à peu la maison de Cadmos, cependant que le noir Enfer va s'enrichissant de nos plaintes, de nos sanglots. Certes ni moi ni ces enfants, à genoux devant ton foyer, nous ne t'égalons aux dieux ; non, mais nous t'estimons le premier de tous les mortels dans les incidents de notre existence et les conjonctures créées par les dieux. Il t'a suffi d'entrer jadis dans cette ville de Cadmos pour la libérer du tribut qu'elle payait alors à l'horrible Chanteuse[5]. Tu n'avais rien appris pourtant de la bouche d'aucun de nous, tu n'avais reçu aucune leçon : c'est par l'aide d'un dieu – chacun le dit, chacun le pense – que tu as su relever notre fortune. Eh bien ! cette fois encore, puissant Œdipe aimé de tous ici, à tes pieds, nous t'implorons. Découvre pour nous un secours. Que la voix d'un dieu te l'enseigne ou qu'un mortel t'en instruise, n'importe ! Les hommes éprouvés se trouvent aussi ceux dont je vois les conseils le plus souvent couronnés de succès. Oui, redresse notre ville, ô toi, le meilleur des humains ! Oui, prends garde pour toi-même ! Ce pays aujourd'hui t'appelle son sauveur, pour l'ardeur à le servir que tu lui

4. Le *loimos* (v. 28), fléau, est une forme de pestilence qu'il ne faut peut-être pas nécessairement assimiler à la peste (cf. n.6).
5. La Sphinx, cf. v. 130, 191.

σωτῆρα κλῄζει τῆς πάρος προθυμίας·
ἀρχῆς δὲ τῆς σῆς μηδαμῶς μεμνώμεθα
στάντες τ' ἐς ὀρθὸν καὶ πεσόντες ὕστερον,   50
ἀλλ' ἀσφαλείᾳ τήνδ' ἀνόρθωσον πόλιν.
Ὄρνιθι γὰρ καὶ τὴν τότ' αἰσίῳ τύχην
παρέσχες ἡμῖν, καὶ τανῦν ἴσος γενοῦ·
ὡς, εἴπερ ἄρξεις τῆσδε γῆς ὥσπερ κρατεῖς,
ξὺν ἀνδράσιν κάλλῑον ἢ κενῆς κρατεῖν·   55
ὡς οὐδέν ἐστιν οὔτε πύργος οὔτε ναῦς
ἔρημος ἀνδρῶν μὴ ξυνοικούντων ἔσω.

ΟΙ.   Ὦ παῖδες οἰκτροί, γνωτὰ κοὐκ ἄγνωτά μοι
προσήλθεθ' ἱμείροντες· εὖ γὰρ οἶδ' ὅτι
νοσεῖτε πάντες, καὶ νοσοῦντες ὡς ἐγὼ   60
οὐκ ἔστιν ὑμῶν ὅστις ἐξ ἴσου νοσεῖ.
Τὸ μὲν γὰρ ὑμῶν ἄλγος εἰς ἕν' ἔρχεται
μόνον καθ' αὑτόν, κοὐδέν' ἄλλον, ἡ δ' ἐμὴ
ψῡχὴ πόλιν τε κᾱμὲ καὶ σ' ὁμοῦ στένει.
Ὥστ' οὐχ ὕπνῳ γ' εὕδοντά μ' ἐξεγείρετε·   65
ἀλλ' ἴστε πολλὰ μέν με δακρῡσαντα δή,
πολλᾱς δ' ὁδοὺς ἐλθόντα φροντίδος πλάνοις·
ἣν δ' εὖ σκοπῶν εὕρισκον ἴασιν μόνην,
ταύτην ἔπρᾱξα· παῖδα γὰρ Μενοικέως
Κρέοντ', ἐμαυτοῦ γαμβρόν, ἐς τὰ Πῡθικὰ   70
ἔπεμψα Φοίβου δώμαθ', ὡς πύθοιθ' ὅ τι
δρῶν ἢ τί φωνῶν τήνδε ῥυσαίμην πόλιν.
Καί μ' ἦμαρ ἤδη ξυμμετρούμενον χρόνῳ
λῡπεῖ τί πράσσει· τοῦ γὰρ εἰκότος πέρᾱ
ἄπεστι πλείω τοῦ καθήκοντος χρόνου.   75
Ὅταν δ' ἵκηται, τηνικαῦτ' ἐγὼ κακὸς
μὴ δρῶν ἂν εἴην πάνθ' ὅσ' ἂν δηλοῖ θεός.

---

6. Le verbe *noseô* signifie être malade, souffrir d'un mal : il ne
s'agit pas d'une compassion devant la douleur des autres, mais de la

montras naguère : ne va pas maintenant lui laisser de ton
règne ce triste souvenir qu'après notre relèvement il aura
ensuite marqué notre chute. Redresse cette ville définiti-
vement. C'est sous d'heureux auspices que tu nous
apportas autrefois le salut : ce que tu fus, sois-le encore.
Aussi bien, si tu dois régner sur cette terre, comme tu
y règnes aujourd'hui, ne vaut-il pas mieux pour cela
qu'elle soit peuplée que déserte ? Un rempart, un vaisseau ne sont rien, s'il n'y a plus d'hommes pour les
occuper.

ŒDIPE. – Mes pauvres enfants, vous venez à moi
chargés de vœux que je n'ignore pas – que je connais
trop. Vous souffrez[6] tous, je le sais ; mais quelle que soit
votre souffrance, il n'est pas un de vous qui souffre
autant que moi. Votre douleur à vous n'a qu'un objet :
pour chacun lui-même et nul autre. Mon cœur à moi
gémit sur Thèbes et sur toi et sur moi tout ensemble.
Vous ne réveillez pas ici un homme pris par le sommeil.
Au contraire, j'avais, sachez-le, répandu déjà bien
des larmes et fait faire bien du chemin à ma pensée
anxieuse. Le seul remède que j'aie pu, tout bien pesé,
découvrir, j'en ai usé sans retard. J'ai envoyé le fils de
Ménécée, Créon[7], mon beau-frère, à Pythô[8], chez
Phœbos, demander ce que je devais dire ou faire pour
sauvegarder notre ville. Et même le jour où nous
sommes, quand je le rapproche du temps écoulé, n'est pas
sans m'inquiéter : qu'arrive-t-il donc à Créon ? La durée
de son absence dépasse le délai normal beaucoup plus
qu'il n'est naturel. Mais dès qu'il sera là, je serais criminel si je refusais d'accomplir ce qu'aura déclaré le dieu.

pathologie même qu'entraîne le fléau. Le mal est partagé, Œdipe est le
plus atteint, et se veut le médecin.

7. Ménécée est le petit-fils de Penthée, descendant direct de
Cadmos. Créon est le frère de Jocaste. L'arrivée d'Œdipe l'a privé du
pouvoir qui lui revenait après la mort de Laïos.

8. À Delphes, au sanctuaire de Phœbos Apollon, où Créon est allé
« interroger » *(puthesthai)* l'oracle *pythique* : le jeu de mot étymolo-
gique de Sophocle serait désavoué par les linguistes d'aujourd'hui.

ΙΕ.   Ἀλλ' εἰς καλὸν σύ τ' εἶπας οἵδε τ' ἀρτίως
       Κρέοντα προσστείχοντα σημαίνουσί μοι.

ΟΙ.   Ὦναξ Ἄπολλον, εἰ γὰρ ἐν τύχῃ γέ τῳ   80
       σωτῆρι βαίη, λαμπρὸς ὥσπερ ὄμματι.

ΙΕ.   Ἀλλ' εἰκάσαι μέν, ἡδύς· οὐ γὰρ ἂν κάρα
       πολυστεφὴς ὧδ' εἷρπε παγκάρπου δάφνης.

ΟΙ.   Τάχ' εἰσόμεσθα· ξύμμετρος γὰρ ὡς κλύειν.
       Ἄναξ, ἐμὸν κήδευμα, παῖ Μενοικέως,   85
       τίν' ἡμὶν ἥκεις τοῦ θεοῦ φήμην φέρων ;

ΚΡΕΩΝ
       Ἐσθλήν· λέγω γὰρ καὶ τὰ δύσφορ', εἰ τύχοι
       κατ' ὀρθὸν ἐξελθόντα, πάντ' ἂν εὐτυχεῖν.

ΟΙ.   Ἔστιν δὲ ποῖον τοὔπος ; οὔτε γὰρ θρασὺς
       οὔτ' οὖν προδείσας εἰμὶ τῷ γε νῦν λόγῳ.   90

ΚΡ.   Εἰ τῶνδε χρῄζεις πλησιαζόντων κλύειν,
       ἕτοιμος εἰπεῖν, εἴτε καὶ στείχειν ἔσω.

ΟΙ.   Ἐς πάντας αὔδα· τῶνδε γὰρ πλέον φέρω
       τὸ πένθος ἢ καὶ τῆς ἐμῆς ψυχῆς πέρι.

ΚΡ.   Λέγοιμ' ἂν οἷ' ἤκουσα τοῦ θεοῦ πάρα.   95
       Ἄνωγεν ἡμᾶς Φοῖβος ἐμφανῶς ἄναξ
       μίασμα χώρας ὡς τεθραμμένον χθονὶ
       ἐν τῇδ' ἐλαύνειν μηδ' ἀνήκεστον τρέφειν.

ΟΙ.   Ποίῳ καθαρμῷ ; τίς ὁ τρόπος τῆς ξυμφορᾶς ;

ΚΡ.   Ἀνδρηλατοῦντας, ἢ φόνῳ φόνον πάλιν   100
       λύοντας, ὡς τόδ' αἷμα χειμάζον πόλιν.

9. L'arrivée de Créon se produit par la *parodos* de l'extérieur : celle de gauche pour le spectateur, suppose P. Mazon. Cette arrivée introduit une seconde scène dans le Prologue. Pour les acteurs, plutôt que d'entrées et de sorties, termes inadéquats dans un théâtre en plein

LE PRÊTRE. – Tu ne pouvais parler plus à propos : ces enfants me font justement signe que Créon est là, qui approche.

ŒDIPE. – Ah ! s'il pouvait, cher Apollon, nous apporter quelque chance de sauver Thèbes, comme on se l'imagine à son air radieux !

LE PRÊTRE. – On peut du moins croire qu'il est satisfait. Sinon, il n'irait pas le front ainsi paré d'une large couronne de laurier florissant.

ŒDIPE. – Nous allons tout savoir. Le voici maintenant à portée de nos voix. Ô prince, cher beau-frère, ô fils de Ménécée, quelle réponse du dieu nous rapportes-tu donc ?

Créon[9] arrive par la gauche.

CRÉON. – Une réponse heureuse. Crois-moi, les faits les plus fâcheux, lorsqu'ils prennent la bonne route, peuvent tous tourner au bonheur.

ŒDIPE. – Mais quelle est-elle exactement ? Ce que tu dis – sans m'alarmer – ne me rassure guère.

CRÉON. – Désires-tu m'entendre devant eux ? je suis prêt à parler. Ou bien préfères-tu rentrer ?

ŒDIPE. – Va, parle devant tous. Leur deuil à eux me pèse plus que le souci de ma personne.

CRÉON. – Eh bien ! voici quelle réponse m'a été faite au nom du dieu. Sire Phœbos nous donne l'ordre exprès « de chasser la souillure que nourrit ce pays et de ne pas l'y laisser croître jusqu'à ce qu'elle soit incurable ».

ŒDIPE. – Oui. Mais comment nous en laver ? Quelle est la nature du mal ?

CRÉON. – En chassant les coupables, ou bien en les faisant payer meurtre pour meurtre, puisque c'est le sang dont il parle qui remue ainsi notre ville.

---

air, on dira tout simplement qu'Untel s'en va ou arrive. Seul Œdipe (et Jocaste) entre et sort, mais il entre dans le palais quand il s'en va, et en sort lorsqu'il apparaît.

ΟΙ.   Ποίου γὰρ ἀνδρὸς τήνδε μηνύει τύχην ;

ΚΡ.   ῏Ην ἡμίν, ὦναξ, Λάϊός ποθ᾽ ἡγεμὼν
      γῆς τῆσδε, πρίν σὲ τήνδ᾽ ἀπευθύνειν πόλιν.

ΟΙ.   ῎Εξοιδ᾽ ἀκούων· οὐ γὰρ εἰσεῖδόν γέ πω.   105

ΚΡ.   Τούτου θανόντος νῦν ἐπιστέλλει σαφῶς
      τοὺς αὐτοέντας χειρὶ τιμωρεῖν τινας.

ΟΙ.   Οἱ δ᾽ εἰσὶ ποῦ γῆς ; ποῦ τόδ᾽ εὑρεθήσεται
      ἴχνος παλαιᾶς δυστέκμαρτον αἰτίας ;

ΚΡ.   ᾽Εν τῇδ᾽ ἔφασκε γῇ· τὸ δὲ ζητούμενον   110
      ἁλωτόν, ἐκφεύγει δὲ τἀμελούμενον.

ΟΙ.   Πότερα δ᾽ ἐν οἴκοις, ἢ 'ν ἀγροῖς ὁ Λάϊος,
      ἢ γῆς ἐπ᾽ ἄλλης τῷδε συμπίπτει φόνῳ ;

ΚΡ.   Θεωρός, ὡς ἔφασκεν, ἐκδημῶν πάλιν
      πρὸς οἶκον οὐκέθ᾽ ἵκεθ᾽, ὡς ἀπεστάλη.   115

ΟΙ.   Οὐδ᾽ ἄγγελός τις οὐδὲ συμπράκτωρ ὁδοῦ
      κατεῖδ᾽ ὅτου τις ἐκμαθὼν ἐχρήσατ᾽ ἄν ;

ΚΡ.   Θνήσκουσι γάρ, πλὴν εἷς τις ὃς φόβῳ φυγὼν
      ὧν εἶδε πλὴν ἓν οὐδὲν εἶχ᾽ εἰδὼς φράσαι,

ΟΙ.   Τὸ ποῖον ; ῝Εν γὰρ πόλλ᾽ ἂν ἐξεύροι μαθεῖν,   120
      ἀρχὴν βραχεῖαν εἰ λάβοιμεν ἐλπίδος.

ΚΡ.   Ληστὰς ἔφασκε συντυχόντας οὐ μιᾷ
      ῥώμῃ κτανεῖν νιν, ἀλλὰ σὺν πλήθει χερῶν.

ΟΙ.   Πῶς οὖν ὁ λῃστής, εἴ τι μὴ ξὺν ἀργύρῳ
      ἐπράσσετ᾽ ἐνθένδ᾽, ἐς τόδ᾽ ἂν τόλμης ἔβη ;   125

ΚΡ.   Δοκοῦντα ταῦτ᾽ ἦν· Λαΐου δ᾽ ὀλωλότος
      οὐδεὶς ἀρωγὸς ἐν κακοῖς ἐγίγνετο.

ŒDIPE. – Mais quel est donc l'homme dont l'oracle dénonce la mort ?

CRÉON. – Ce pays, prince, eut pour chef Laïos, autre-fois, avant l'heure où tu eus toi-même à gouverner notre cité.

ŒDIPE. – On me l'a dit ; jamais je ne l'ai vu moi-même.

CRÉON. – Il est mort, et le dieu aujourd'hui nous enjoint nettement de le venger et de frapper ses assas-sins.

ŒDIPE. – Mais où sont-ils ? Comment retrouver à cette heure la trace incertaine d'un crime si vieux ?

CRÉON. – Le dieu les dit en ce pays. Ce qu'on cherche, on le trouve ; c'est ce qu'on néglige qu'on laisse échapper.

ŒDIPE. – Est-ce en son palais, ou à la campagne, ou hors du pays, que Laïos est mort assassiné ?

CRÉON. – Il nous avait quittés pour consulter l'oracle, disait-il. Il n'a plus reparu chez lui du jour qu'il en fut parti.

ŒDIPE. – Et pas un messager, un compagnon de route n'a assisté au drame, dont on pût tirer quelque informa-tion ?

CRÉON. – Tous sont morts, tous sauf un, qui a fui, effrayé, et qui n'a pu conter de ce qu'il avait vu qu'une chose, une seule...

ŒDIPE. – Laquelle ? Un seul détail pourrait en éclai-rer bien d'autres, si seulement il nous offrait la moindre raison d'espérer.

CRÉON. – Il prétendait que Laïos avait rencontré des brigands et qu'il était tombé sous l'assaut d'une troupe, non sous le bras d'un homme.

ŒDIPE. – Des brigands auraient-ils montré pareille audace, si le coup n'avait pas été monté ici et payé à prix d'or ?

CRÉON. – C'est bien aussi ce que chacun pensa ; mais, Laïos mort, plus de défenseur qui s'offrît à nous dans notre détresse.

12 ΟΙΔΙΠΟΥΣ ΤΥΡΑΝΝΟΣ

ΟΙ. Κακὸν δὲ ποῖον ἐμποδών. τυραννίδος
οὕτω πεσούσης, εἶργε τοῦτ' ἐξειδέναι;

ΚΡ. Ἡ ποικιλῳδὸς Σφίγξ τὸ πρὸς ποσὶ σκοπεῖν   130
μεθέντας ἡμᾶς τἀφανῆ προσήγετο.

ΟΙ. Ἀλλ' ἐξ ὑπαρχῆς αὖθις αὔτ' ἐγὼ φανῶ·
ἐπαξίως γὰρ Φοῖβος, ἀξίως δὲ σύ,
πρὸς τοῦ θανόντος τήνδ' ἔθεσθ' ἐπιστροφήν·
ὥστ' ἐνδίκως ὄψεσθε κἀμὲ σύμμαχον,   135
γῇ τῇδε τῑμωροῦντα τῷ θεῷ θ' ἅμα.
Ὑπὲρ γὰρ οὐχὶ τῶν ἀπωτέρω φίλων,
ἀλλ' αὐτὸς αὑτοῦ τοῦτ' ἀποσκεδῶ μύσος.
Ὅστις γὰρ ἦν ἐκεῖνον ὁ κτανὼν τάχ' ἂν
κἄμ' ἂν τοιαύτῃ χειρὶ τῑμωρεῖν θέλοι·   140
κείνῳ προσαρκῶν οὖν ἐμαυτὸν ὠφελῶ.
Ἀλλ' ὡς τάχιστα, παῖδες, ὑμεῖς μὲν βάθρων
ἵστασθε, τούσδ' ἄραντες ἱκτῆρας κλάδους,
ἄλλος δὲ Κάδμου λᾱὸν ὧδ' ἀθροιζέτω,
ὡς πᾶν ἐμοῦ δράσοντος· ἢ γὰρ εὐτυχεῖς   145
σὺν τῷ θεῷ φανούμεθ' ἢ πεπτωκότες.

ΙΕ. Ὦ παῖδες, ἱστώμεσθα· τῶνδε γὰρ χάριν
καὶ δεῦρ' ἔβημεν ὧν ὅδ' ἐξαγγέλλεται.
Φοῖβος δ' ὁ πέμψᾱς τάσδε μαντείᾱς ἅμα
σωτήρ θ' ἵκοιτο καὶ νόσου παυστήριος.   150

ΧΟΡΟΣ

Ὦ Διὸς ἁδυεπὲς φάτι, τίς ποτε   Str. 1
τᾶς πολυχρῡσου
Πυθῶνος ἀγλαᾱς ἔβᾱς

10. Littéralement : « La Sphinx aux chants bigarrés », l'adjectif exprimant à la fois le chatoiement des chants et l'aspect inquiétant de la ruse.

11. Le Chœur est en place sur l'*orchestra* lorsqu'il commence à chanter ses trois couples de strophes. Par un procédé familier, le

ŒDIPE. – Et quelle détresse pouvait donc bien vous empêcher, quand un trône venait de crouler, d'éclaircir un pareil mystère ?

CRÉON. – La Sphinx aux chants perfides[10], la Sphinx, qui nous forçait à laisser là ce qui nous échappait, afin de regarder en face le péril placé sous nos yeux.

ŒDIPE. – Eh bien ! je reprendrai l'affaire à son début et l'éclaircirai, moi. Phœbos a fort bien fait – et tu as bien fait, toi aussi – de montrer ce souci du mort. Il est juste que tous deux vous trouviez un appui en moi. Je me charge de la cause à la fois de Thèbes et du dieu. Et ce n'est pas pour des amis lointains, c'est pour moi que j'entends chasser d'ici cette souillure. Quel que soit l'assassin, il peut vouloir un jour me frapper d'un coup tout pareil. Lorsque je défends Laïos, c'est moi-même aussi que je sers. Levez-vous donc, enfants, sans tarder, de ces marches et emportez ces rameaux suppliants. Un autre cependant assemblera ici le peuple de Cadmos. Pour lui, je suis prêt à tout faire, et, si le dieu m'assiste, on me verra sans doute triompher – ou périr.

Œdipe rentre dans le palais. Créon se retire.

LE PRÊTRE. – Relevons-nous, enfants, puisque ce que nous sommes venus chercher ici, le roi nous le promet. Que Phœbos, qui nous a envoyé ces oracles, maintenant vienne nous sauver et mettre un terme à ce fléau !

Les enfants s'en vont avec le Prêtre.
Le Chœur des Vieillards fait son entrée par la droite.

PARODOS

LE CHŒUR[11]. – (Strophe 1) *Ô douce parole de Zeus, que viens-tu apporter de Pythô l'opulente à notre illustre ville,*

Chœur chante sans savoir la teneur de l'oracle qui vient d'être rapporté. Sa prière commence par deux strophes dactyliques, mètre dans lequel sont prononcés les oracles.

Θήβᾱς ; Ἐκτέταμαι φοβερᾱν φρένα,
δείματι πάλλων,
ἰήιε Δᾱλιε Παιᾱν,

ἀμφὶ σοὶ ἀζόμενος τί μοι ἢ νέον   155
ἢ περιτελλομέναις ὥραις πάλιν
ἐξανύσεις χρέος·

εἰπέ μοι, ὦ χρυσέᾱς τέκνον Ἐλπίδος,
ἄμβροτε Φάμᾱ.

Πρῶτά σε κεκλόμενος, θύγατερ Διός,   Ant. 1.
ἄμβροτ᾽ Ἀθᾱνᾱ,
γαιάοχόν τ᾽ ἀδελφεᾱν   160

Ἄρτεμιν, ᾱ κυκλόεντ᾽ ἀγορᾱς θρόνον
εὐκλέα θάσσει,
καὶ Φοῖβον ἑκᾱβόλον, ἰώ,

τρισσοὶ ἀλεξίμοροι προφάνητέ μοι,
εἴ ποτε καὶ προτέρᾱς ᾱτᾱς ὕπερ
ὀρνυμένᾱς πόλει   165

ἠνύσατ᾽ ἐκτοπίᾱν φλόγα πήματος,
ἔλθετε καὶ νῦν.

Ὦ πόποι, ἀνάριθμα γὰρ φέρω   Str. 2.
πήματα· νοσεῖ δέ μοι πρόπᾱς
στόλος, οὐδ᾽ ἔνι φροντίδος ἔγχος   170

ᾧ τις ἀλέξεται· οὔτε γὰρ ἔκγονα
κλυτᾱς χθονὸς αὔξεται οὔτε τόκοισιν

ἰηίων καμάτων ἀνέχουσι γυναῖκες·
ἄλλον δ᾽ ἂν ἄλλῳ προσίδοις ἅπερ εὔπτερον ὄρνιν   175

κρεῖσσον ἀμαιμακέτου πυρὸς ὅρμενον
ἀκτᾱν πρὸς ἑσπέρου θεοῦ.

---

12. Dans cette strophe, l'attaque est iambique, mais les dactyles se
maintiennent. L'adjectif « sans nombre » est répété à la même place

à Thèbes ? Mon âme, tendue par l'angoisse, est là qui palpite d'effroi. Dieu qu'on invoque avec des cris aigus, dieu de Délos, dieu guérisseur,

quand je pense à toi, je tremble : que vas-tu exiger de nous ? une obligation nouvelle ? ou une obligation omise à renouveler au cours des années ?

Dis-le-moi, Parole éternelle, fille de l'éclatante Espérance.

(Antistrophe 1) *C'est toi que j'invoque d'abord, toi, la fille de Zeus, immortelle Athéna ; et ta sœur aussi, reine de cette terre,*

Artémis, dont la place ronde de Thèbes forme le trône glorieux ; et, avec vous, Phœbos l'Archer ; allons !

tous trois ensemble, divinités préservatrices, appa-raissez à mon appel ! Si jamais, quand un désastre menaçait jadis notre ville,

vous avez su écarter d'elle la flamme du malheur, aujourd'hui encore accourrez !

(Strophe 2) *Ah ! je souffre des maux sans nombre[12]. Tout mon peuple est en proie au fléau, et ma pensée ne possède pas d'arme*

qui nous permette une défense. Les fruits de ce noble terroir ne croissent plus à la lumière, et d'heureuses naissances

ne couronnent plus le travail qui arrache des cris aux femmes. L'un après l'autre, on peut voir les Thébains, pareils à des oiseaux ailés,

plus prompts que la flamme indomptable, se précipi-ter sur la rive où règne le dieu du Couchant[13].

dans l'antistrophe. Ces deux strophes développent, sur le mode lyrique d'une prière, l'exposé du Prêtre concernant le fléau.

13. Hadès, qui règne sur le royaume de la nuit.

Ὧν πόλις ἀνάριθμος ὄλλυται·   Ant. 2.
νηλέα δὲ γένεθλα πρὸς πέδῳ   180
θανατᾱφόρα κεῖται ἀνοίκτως·

ἐν δ' ἄλοχοι πολιαί τ' ἔπι μᾱτέρες
ἀκτᾱν παρὰ βώμιον ἄλλοθεν ἄλλαι
λυγρῶν πόνων ἱκετῆρες ἐπιστενάχουσι.   185
Παιᾱν δὲ λάμπει στονόεσσά τε γῆρυς ὅμαυλος·

ὧν ὕπερ, ὦ χρυσέᾱ θύγατερ Διός,
εὐῶπα πέμψον ἀλκᾱν.

Ἀρεά τε τὸν μαλερόν, ὃς   Str. 3.
   νῦν ἄχαλκος ἀσπίδων   191
φλέγει με περιβόᾱτος ἀντιάζων,

παλίσσυτον δράμημα νωτίσαι πάτρᾱς
ἄπουρον, εἴτ' ἐς μέγαν
   θάλαμον Ἀμφιτρίτᾱς,   195

εἴτ' ἐς τὸν ἀπόξενον ὅρμων
Θρῄκιον κλύδωνα·

τελεῖν γάρ, εἴ τι νὺξ ἀφῇ,
   τοῦτ' ἐπ' ἦμαρ ἔρχεται·
τόν, ὦ ⟨τᾱν⟩ πυρφόρων   200
   ἀστραπᾱν κράτη νέμων,
ὦ Ζεῦ πάτερ, ὑπὸ σῷ φθίσον κεραυνῷ.

Λύκει' ἄναξ, τά τε σὰ χρῡ-   Ant. 3.
   σοστρόφων ἀπ' ἀγκυλῶν
βέλεα θέλοιμ' ἂν ἀδάματ' ἐνδατεῖσθαι   205

ἀρωγὰ προσταθέντα, τᾱς τε πυρφόρους
Ἀρτέμιδος αἴγλᾱς, ξὺν αἷς
   Λύκι' ὄρεα διάσσει·

τὸν χρῡσομίτρᾱν τε κικλήσκω,
τᾱσδ' ἐπώνυμον γᾱς,   210

(Antistrophe 2) *Et la Cité se meurt en ces morts sans nombre. Nulle pitié ne va à ses fils gisant sur le sol : ils portent la mort à leur tour, personne ne gémit sur eux.*

Épouses, mères aux cheveux blancs, toutes de partout affluent au pied des autels,

suppliantes, pleurant leurs atroces souffrances. Le péan éclate, accompagné d'un concert de sanglots.

Sauve-nous, fille éclatante de Zeus, dépêche-nous ton secours radieux !

(Strophe 3) *Arès le Brutal renonce cette fois au bouclier de bronze. Il vient, enveloppé d'une immense clameur, nous assaillir, nous consumer*[14].

Ah ! qu'il fasse donc volte-face, rebroussant chemin à toute vitesse, ou jusque dans la vaste demeure d'Amphitrite,

ou jusque vers ces flots de Thrace où ne se montre aucun rivage hospitalier !

Si la nuit a laissé quelque chose à faire, c'est le jour qui vient terminer sa tâche. Sur ce cruel, ô Zeus Père, maître de l'éclair enflammé, lâche ta foudre, écrase-le !

(Antistrophe 3) *Et toi aussi, dieu Lycien, je voudrais voir les traits partis de ton arc d'or se disperser, invincibles,*

pour me secourir, pour me protéger, en même temps que ces flambeaux dont la lueur illumine Artémis, quand elle court, bondissante, à travers les monts de Lycie.

J'appelle enfin le dieu au diadème d'or[15], *celui qui a donné son nom à mon pays,*

14. Évocation du fléau sous la forme meurtrière d'Arès, le dieu de la guerre : le fléau est un mal ressenti comme une agression venue de l'extérieur ; « m'assaillir, me consumer », dit le Chœur, qui parle en fait à la première personne, en son nom propre.

15. Dionysos est fils de Zeus et de Sémélè, une des filles de Cadmos. Il est donc particulièrement justifié, à Thèbes, d'implorer son secours, mais la prière prend un sens spécifique face à l'autel du dieu du théâtre.

οἰνῶπα Βάκχον εὔιον,
Μαινάδων ὁμόστολον
πελασθῆναι φλέγοντ᾽
ἀγλαῶπι ⟨- ᵕ -⟩
πεύκᾳ ᾽πὶ τὸν ἀπότῑμον ἐν θεοῖς θεόν.   215

ΟΙ. Αἰτεῖς· ἃ δ᾽ αἰτεῖς, τᾱ̓μ᾽ ἐᾱ̓ν θέλῃς ἔπη
κλύων δέχεσθαι τῇ νόσῳ θ᾽ ὑπηρετεῖν,
ἀλκὴν λάβοις ἂν κᾱ̓νακούφισιν κακῶν.
Ἁγὼ ξένος μὲν τοῦ λόγου τοῦδ᾽ ἐξερῶ,
ξένος δὲ τοῦ πρᾱχθέντος· οὐ γὰρ ἂν μακρᾱ̀ν   220
ἴχνευον αὐτός μὴ οὐκ ἔχων τι σύμβολον·
νῦν δ᾽, ὕστερος γὰρ ἀστὸς εἰς ἀστοὺς τελῶ,
ῡ̔μῖν προφωνῶ πᾶσι Καδμείοις τάδε·
α «Ὅστις ποθ᾽ ῡ̔μῶν Λᾱ̓ον τὸν Λαβδάκου
κάτοιδεν ἀνδρὸς ἐκ τίνος διώλετο,   225
τοῦτον κελεύω πάντα σημαίνειν ἐμοί·
κεἰ μὲν φοβεῖται, τοὐπίκλημ᾽ ὑπεξέλοι
αὐτὸς καθ᾽ αὑτοῦ· πείσεται γὰρ ἄλλο μὲν
ἀστεργὲς οὐδέν, γῆς δ᾽ ἄπεισιν ἀσφαλής.
Εἰ δ᾽ αὖ τις ἄλλον οἶδεν ἢ ᾽ξ ἄλλης χθονὸς   230
τὸν αὐτόχειρα, μὴ σιωπάτω· τὸ γὰρ
κέρδος τελῶ ᾽γὼ χἠ χάρις προσκείσεται.
Εἰ δ᾽ αὖ σιωπήσεσθε, καί τις ἢ φίλου
δείσᾱς ἀπώσει τοὔπος ἢ χαὑτοῦ τόδε,
ᾱ̓κ τῶνδε δρᾱ́σω, ταῦτα χρὴ κλύειν ἐμοῦ.   235

16. Scène parallèle à la scène initiale du Prologue. Le Chœur succède aux suppliants. Mais Œdipe a entendu la prière. C'est lui qui va
parler. On ne sait à quel moment il est sorti du palais.

17. Dans le grec *logou*, le scholiaste comprend l'oracle
d'Apollon ; P. Mazon pense plutôt au rapport de Créon.

*le dieu de l'évohé, Bacchos au visage empourpré, le
compagnon des Ménades errantes. Ah ! qu'il vienne,
éclairé d'une torche ardente, attaquer le dieu à qui tout
honneur est refusé parmi les dieux !*

Premier épisode

Œdipe est sorti du palais.

Œdipe. – J'entends tes prières, et à ces prières c'est
moi qui réponds[16]. Sache écouter, accueillir mes avis,
sache te plier aux ordres du fléau, et tu auras le récon-
fort, l'allégement attendu de tes peines. Je parle ici en
homme étranger au rapport[17] qu'il vient d'entendre,
étranger au crime lui-même, dont l'enquête n'irait pas
loin, s'il prétendait la mener seul, sans posséder le
moindre indice[18] ; et, comme je me trouve en fait un des
derniers citoyens inscrits dans cette cité, c'est à vous,
c'est à tous les Cadméens, que j'adresse solennellement
cet appel :
« À quiconque parmi vous sait sous le bras de qui est
tombé Laïos, le fils de Labdacos, j'ordonne de me révéler tout. S'il craint pour lui-même, qu'il se libère[19] sans
éclat de l'inculpation qui pèse sur lui : il n'aura nul
ennui et partira d'ici en pleine sûreté. S'il connaît l'assassin comme étant un autre – voire un homme né sur
une autre terre – qu'il ne garde pas le silence, je lui paie-
rai le prix de sa révélation, et j'y joindrai ma gratitude.
Mais en revanche, si vous voulez rester muets, si l'un de
vous, craignant pour un des siens ou pour lui-même, se
dérobe à mon appel, apprenez en ce cas comment j'en-

---

18. Œdipe se lance sur une piste à la recherche de traces, d'indices. L'investigation qu'il lance est faite, contrairement à tout roman
policier, devant un public qui connaît la vérité.
19. *Hupexeloi*, correction de Rauchenstein, contre la leçon des
manuscrits *hupexelôn*, qui laisse la phrase sans verbe exprimé.

Τὸν ἄνδρ' ἀπαυδῶ τοῦτον, ὅστις ἐστί, γῆς
τῆσδ' ἧς ἐγὼ κράτη τε καὶ θρόνους νέμω
μήτ' εἰσδέχεσθαι μήτε προσφωνεῖν τινα,
μήτ' ἐν θεῶν εὐχαῖσι μήτε θύμασιν
κοινὸν ποιεῖσθαι, μήτε χέρνιβος νέμειν·   240
ὠθεῖν δ' ἀπ' οἴκων πάντας, ὡς μιάσματος
τοῦδ' ἡμὶν ὄντος, ὡς τὸ Πυθικὸν θεοῦ
μαντεῖον ἐξέφηνεν ἀρτίως ἐμοί.
Ἐγὼ μὲν οὖν τοιόσδε τῷ τε δαίμονι
τῷ τ' ἀνδρὶ τῷ θανόντι σύμμαχος πέλω·   245
κατεύχομαι δὲ τὸν δεδρακότ', εἴτε τις
εἷς ὢν λέληθεν εἴτε πλειόνων μέτα,
κακὸν κακῶς νιν ἄμορον ἐκτρῖψαι βίον·
ἐπεύχομαι δ', οἴκοισιν εἰ ξυνέστιος
ἐν τοῖς ἐμοῖς γένοιτ' ἐμοῦ ξυνειδότος,   250
παθεῖν ἅπερ τοῖσδ' ἀρτίως ἠρασάμην.
Ὑμῖν δὲ ταῦτα πάντ' ἐπισκήπτω τελεῖν,
ὑπέρ τ' ἐμαυτοῦ τοῦ θεοῦ τε τῆσδέ τε
γῆς ὧδ' ἀκάρπως κἀθέως ἐφθαρμένης. »

Οὐδ' εἰ γὰρ ἦν τὸ πρᾶγμα μὴ θεήλατον,   255
ἀκάθαρτον ὑμᾶς εἰκὸς ἦν οὕτως ἐᾶν,
ἀνδρός γ' ἀρίστου βασιλέως ὀλωλότος,
ἀλλ' ἐξερευνᾶν· νῦν δ' ἐπεὶ κυρῶ τ' ἐγὼ
ἔχων μὲν ἀρχὰς ἃς ἐκεῖνος εἶχε πρίν,
ἔχων δὲ λέκτρα καὶ γυναῖχ' ὁμόσπορον   260
κοινῶν τε παίδων κοίν' ἄν, εἰ κείνῳ γένος
μὴ 'δυστύχησεν. ἦν ἂν ἐκπεφυκότα —
νῦν δ' ἐς τὸ κείνου κρᾶτ' ἐνήλαθ' ἡ τύχη·
ἀνθ' ὧν ἐγὼ τάδ', ὡσπερεὶ τοὐμοῦ πατρός,
ὑπερμαχοῦμαι, κἀπὶ πάντ' ἀφίξομαι,   265
ζητῶν τὸν αὐτόχειρα τοῦ φόνου λαβεῖν,
τῷ Λαβδακείῳ παιδὶ Πολυδώρου τε καὶ
τοῦ πρόσθε Κάδμου τοῦ πάλαι τ' Ἀγήνορος·

tends agir. Quel que soit le coupable, j'interdis à tous dans ce pays où j'ai le trône et le pouvoir, qu'on le reçoive, qu'on lui parle, qu'on l'associe aux prières ou aux sacrifices, qu'on lui accorde la moindre goutte d'eau lustrale. Je veux que tous, au contraire, le jettent hors de leurs maisons, comme la souillure de notre pays : l'oracle auguste de Pythô vient à l'instant de me le déclarer. Voilà comment j'entends servir et le dieu et le mort. Je voue le criminel, qu'il ait agi tout seul, sans se trahir, ou avec des complices, à user misérablement, comme un misérable, une vie sans joie ; et, si d'aventure je venais à l'admettre consciemment à mon foyer, je me voue moi-même à tous les châtiments que mes imprécations viennent à l'instant d'appeler sur d'autres. Tout cela, je vous somme de le faire pour moi, pour Apollon[20], pour cette terre qui se meurt, privée de ses moissons, oubliée de ses dieux. »

Oui, quand bien même vous n'eussiez pas eu cet avis des dieux, il n'était pas décent pour vous de tolérer pareille tache. Le meilleur des rois avait disparu : il fallait pousser les recherches à fond. Je me vois à cette heure en possession du pouvoir qu'il eut avant moi, en possession de son lit, de la femme qu'il avait déjà rendue mère ; des enfants communs seraient aujourd'hui notre lot commun, si le malheur n'avait frappé sa race ; mais il a fallu que le sort vînt s'abattre sur sa tête ! C'est moi dès lors qui lutterai pour lui, comme s'il eût été mon père. J'y emploierai tous les moyens, tant je brûle de le saisir, l'auteur de ce meurtre, l'assassin du fils de Labdacos, du prince issu de Polydore, du vieux Cadmos, de l'antique Agénor[21] ! Et pour tous ceux qui se refuse-

---

20. « Pour Apollon » : il vaudrait mieux garder le sens général et traduire littéralement « pour le dieu », car à ce dieu répond l'adverbe du vers suivant «sans le dieu ».

21. Généalogie ascendante qui permet de remonter de Laïos à Agénor.

καὶ ταῦτα τοῖς μὴ δρῶσιν εὔχομαι θεοὺς
μήτ' ἀροτὸν αὐτοῖς γῆς ἀνιέναι τινά,   270
μήτ' οὖν γυναικῶν παῖδας, ἀλλὰ τῷ πότμῳ
τῷ νῦν φθερεῖσθαι κἄτι τοῦδ' ἐχθίονι.
Ὑμῖν δὲ τοῖς ἄλλοισι Καδμείοις ὅσοις
τάδ' ἔστ' ἀρέσκονθ' ἥ τε σύμμαχος Δίκη
χοἱ πάντες εὖ ξυνεῖεν εἰσαεὶ θεοί.   275

ΧΟ. Ὥσπερ μ' ἀραῖον ἔλαβες, ὧδ', ἄναξ, ἐρῶ·
οὔτ' ἔκτανον γὰρ οὔτε τὸν κτανόντ' ἔχω
δεῖξαι. Τὸ δὲ ζήτημα τοῦ πέμψαντος ἦν
Φοίβου τόδ' εἰπεῖν, ὅστις εἴργασταί ποτε.

ΟΙ. Δίκαι' ἔλεξας· ἀλλ' ἀναγκάσαι θεοὺς   280
ἂν μὴ θέλωσιν οὐδ' ἂν εἷς δύναιτ' ἀνήρ.

ΧΟ. Τὰ δεύτερ' ἐκ τῶνδ' ἂν λέγοιμ' ἅ μοι δοκεῖ.

ΟΙ. Εἰ καὶ τρίτ' ἔστι, μὴ παρῇς τὸ μὴ οὐ φράσαι.

ΧΟ. Ἄνακτ' ἄνακτι ταῦθ' ὁρῶντ' ἐπίσταμαι
μάλιστα Φοίβῳ Τειρεσίαν, παρ' οὗ τις ἂν   285
σκοπῶν τάδ', ὦναξ, ἐκμάθοι σαφέστατα.

ΟΙ. Ἀλλ' οὐκ ἐν ἀργοῖς οὐδὲ τοῦτ' ἐπραξάμην·
ἔπεμψα γὰρ Κρέοντος εἰπόντος διπλοῦς
πομπούς· πάλαι δὲ μὴ παρὼν θαυμάζεται.

ΧΟ. Καὶ μὴν τά γ' ἄλλα κωφὰ καὶ παλαί' ἔπη.   290

ΟΙ. Τὰ ποῖα ταῦτα ; πάντα γὰρ σκοπῶ λόγον.

ΧΟ. Θανεῖν ἐλέχθη πρός τινων ὁδοιπόρων.

22. Les imprécations condamnant à la stérilité sont banales, mais elles prennent un relief particulier dans la situation de stérilité générale qui frappe le pays thébain.

23. On a préféré employer la mention Chœur, plutôt que celle de Coryphée, et renvoyer ainsi à l'instance dramaturgique, plutôt qu'à

ront à exécuter mes ordres, je demande aux dieux de ne pas laisser la moisson sortir de leur sol, de ne pas laisser naître d'enfants de leurs femmes, mais de les faire tous périr du mal dont nous mourons, si ce n'est d'un pire encore[22]. À vous au contraire, à tous les Cadméens qui obéiront ici à ma voix, je souhaite de trouver comme aide et compagne la Justice, ainsi que les dieux, à jamais !

LE CHŒUR[23]. – Tu m'as pris dans les liens de ton imprécation, ô roi : je te parlerai comme elle l'exige. Je n'ai pas commis le meurtre ; je ne saurais pas davantage te désigner le meurtrier. Mais c'était à Phœbos, en nous répondant, de nous dire ce que nous cherchons, le nom de l'assassin.

ŒDIPE. – Tu dis vrai ; mais est-il personne qui puisse contraindre les dieux à faire ce qu'ils ne veulent pas ?

LE CHŒUR. – Je voudrais bien alors te donner un second avis.

ŒDIPE. – Voire un troisième, si tu veux. Va, n'hésite pas à parler.

LE CHŒUR. – Comme sire Apollon, sire Tirésias possède, je le sais, le don de clairvoyance. En recourant à lui pour mener cette enquête, on serait renseigné très exactement, roi.

ŒDIPE. – Mais je n'ai pas non plus négligé ce moyen. Créon m'en a parlé, et j'ai dépêché sur l'heure au devin deux messagers. Je m'étonne même depuis un moment qu'il ne soit pas là.

LE CHŒUR. – Disons-le bien aussi, tout le reste ne compte pas : propos en l'air et radotages.

ŒDIPE. – Quels propos ? Il n'est rien de ce que l'on dit que je n'entende contrôler.

LE CHŒUR. – On l'a dit tué par d'autres voyageurs.

---

une interprétation, sans doute réductrice, du dialogue entre un acteur et le Chœur. Ce dialogue sert de transition vers la scène suivante, qu'ouvre l'arrivée de Tirésias.

ΟΙ.   Ἤκουσα κἀγώ· τὸν δ' ἰδόντ' οὐδεὶς ὁρᾷ.

ΧΟ.   Ἀλλ' εἴ τι μὲν δὴ δείματός γ' ἔχει μέρος,
      τᾶς σᾶς ἀκούων οὐ μενεῖ τοιᾶσδ' ἀρᾶς.   295

ΟΙ.   Ὧι μή 'στι δρῶντι τάρβος, οὐδ' ἔπος φοβεῖ.

ΧΟ.   Ἀλλ' οὑξελέγξων αὐτὸν ἔστιν· οἵδε γὰρ
      τὸν θεῖον ἤδη μάντιν ὧδ' ἄγουσιν, ᾧ
      τἀληθὲς ἐμπέφυκεν ἀνθρώπων μόνῳ.

ΟΙ.   Ὦ πάντα νωμῶν Τειρεσία, διδακτά τε   300
      ἄρρητά τ' οὐράνιά τε καὶ χθονοστιβῆ,
      πόλιν μέν, εἰ καὶ μὴ βλέπεις, φρονεῖς δ' ὅμως
      οἵᾳ νόσῳ σύνεστιν· ἧς σὲ προστάτην
      σωτῆρά τ', ὦναξ, μοῦνον ἐξευρίσκομεν.
      Φοῖβος γάρ, εἴ τι μὴ κλύεις τῶν ἀγγέλων,   305
      πέμψασιν ἡμῖν ἀντέπεμψεν, ἔκλυσιν
      μόνην ἂν ἐλθεῖν τοῦδε τοῦ νοσήματος,
      εἰ τοὺς κτανόντας Λάϊον μαθόντες εὖ
      κτείναιμεν ἢ γῆς φυγάδας ἐκπεμψαίμεθα.
      Σὺ δ' οὖν φθονήσας μήτ' ἀπ' οἰωνῶν φάτιν,   310
      μήτ' εἴ τιν' ἄλλην μαντικῆς ἔχεις ὁδόν,
      ῥῦσαι σεαυτὸν καὶ πόλιν, ῥῦσαι δ' ἐμέ,
      ῥῦσαι δὲ πᾶν μίασμα τοῦ τεθνηκότος·
      ἐν σοὶ γάρ ἐσμεν· ἄνδρα δ' ὠφελεῖν ἀφ' ὧν
      ἔχοι τε καὶ δύναιτο κάλλιστος πόνων.   315

ΤΕΙΡΕΣΙΑΣ

      Φεῦ φεῦ, φρονεῖν ὡς δεινὸν ἔνθα μὴ τέλη
      λύῃ φρονοῦντι· ταῦτα γὰρ καλῶς ἐγὼ
      εἰδὼς διώλεσ'· οὐ γὰρ ἂν δεῦρ' ἱκόμην.

---

24. Dans un contexte où les notions de naissance, de croissance,
de vie jouent un rôle important, il faut peut-être relever la métaphore

ŒDIPE. – Je l'ai aussi entendu dire. Mais le témoin qui aurait vu le fait, personne ici ne le voit plus lui-même.

LE CHŒUR. – Mais, s'il est tant soit peu accessible à la crainte, devant tes imprécations, le criminel ne pourra plus tenir.

ŒDIPE. – Celui qui n'a pas peur d'un acte a moins peur encore d'un mot.

LE CHŒUR. – Mais il est quelqu'un qui peut le confondre : voici que l'on t'amène l'auguste devin, celui qui, seul parmi les hommes, porte en son sein la vérité[24] !

Arrive Tirésias, guidé par un enfant.

ŒDIPE. – Toi qui scrutes tout, ô Tirésias, aussi bien ce qui s'enseigne que ce qui demeure interdit aux lèvres humaines, aussi bien ce qui est du ciel que ce qui marche sur la terre, tu as beau être aveugle, tu n'en sais pas moins de quel fléau Thèbes est la proie. Nous ne voyons que toi, seigneur, qui puisses contre lui nous protéger et nous sauver. Phœbos, en effet – si tu n'as rien su par mes envoyés – Phœbos consulté nous a conseillés ainsi. Un seul moyen nous est offert pour nous délivrer du fléau : c'est de trouver les assassins de Laïos, pour les faire ensuite périr ou les exiler du pays. Ne nous refuse donc ni les avis qu'inspirent les oiseaux, ni aucune démarche de la science prophétique, et sauve-toi, toi et ton pays, sauve-moi aussi, sauve-nous de toute souillure que peut nous infliger le mort. Notre vie est entre tes mains. Pour un homme, aider les autres dans la mesure de sa force et de ses moyens, il n'est pas de plus noble tâche.

TIRÉSIAS. – Hélas ! hélas ! qu'il est terrible de savoir, quand le savoir ne sert de rien à celui qui le possède ! Je ne l'ignorais pas ; mais je l'ai oublié. Je ne fusse pas venu sans cela.

et traduire : « celui qui, seul parmi les hommes, a vu naître en lui la vérité » (cf. v. 356).

ΟΙ.   Τί δ' ἔστιν ; ὡς ἄθυμος εἰσελήλυθας.

ΤΕ.   Ἄφες μ' ἐς οἴκους· ῥᾷστα γὰρ τὸ σόν τε σὺ   320
      κἀγὼ διοίσω τοὐμόν, ἢν ἐμοὶ πίθῃ.

ΟΙ.   Οὔτ' ἔννομ' εἶπας οὔτε προσφιλῆ πόλει
      τῆδ' ἥ σ' ἔθρεψε, τήνδ' ἀποστερῶν φάτιν.

ΤΕ.   Ὁρῶ γὰρ οὐδὲ σοὶ τὸ σὸν φώνημ' ἰὸν
      πρὸς καιρόν· ὡς οὖν μηδ' ἐγὼ ταὐτὸν πάθω —   325

ΟΙ.   Μή, πρὸς θεῶν, φρονῶν γ' ἀποστραφῇς ἐπεὶ
      πάντες σε προσκυνοῦμεν οἵδ' ἱκτήριοι.

ΤΕ.   Πάντες γὰρ οὐ φρονεῖτ'· ἐγὼ δ' οὐ μή ποτε
      τἄμ', ὡς ἂν εἴπω μὴ τὰ σ', ἐκφήνω κακά.

ΟΙ.   Τί φῄς ; ξυνειδὼς οὐ φράσεις, ἀλλ' ἐννοεῖς   330
      ἡμᾶς προδοῦναι καὶ καταφθεῖραι πόλιν ;

ΤΕ.   Ἐγὼ οὔτ' ἐμαυτὸν οὔτε σ' ἀλγυνῶ· τί ταῦτ'
      ἄλλως ἐλέγχεις ; οὐ γὰρ ἂν πύθοιό μου.

ΟΙ.   Οὐκ, ὦ κακῶν κάκιστε, καὶ γὰρ ἂν πέτρου
      φύσιν σύ γ' ὀργάνειας, ἐξερεῖς ποτε,   335
      ἀλλ' ὧδ' ἄτεγκτος κἀτελεύτητος φανῇ ;

ΤΕ.   Ὀργὴν ἐμέμψω τὴν ἐμήν, τὴν σὴν δ' ὁμοῦ
      ναίουσαν οὐ κατεῖδες, ἀλλ' ἐμὲ ψέγεις.

ΟΙ.   Τίς γὰρ τοιαῦτ' ἂν οὐκ ἂν ὀργίζοιτ' ἔπη
      κλύων ἃ νῦν σὺ τήνδ' ἀτιμάζεις πόλιν ;   340

ΤΕ.   Ἥξει γὰρ αὐτά, κἂν ἐγὼ σιγῇ στέγω.

ΟΙ.   Οὐκοῦν ἅ γ' ἥξει καὶ σὲ χρὴ λέγειν ἐμοί.

---

25. Début d'une distichomythie (échange de répliques constituées de deux vers), qui va jusqu'au vers 340.

26. Même lorsqu'il entend Œdipe parler, Tirésias, aveugle et incapable de regarder (blepein, v. 302, cf. v. 348), « voit » (verbe horaô).

27. Premier grief que Tirésias fait à Œdipe, sur son incapacité à voir.

ŒDIPE. – Qu'est-ce là ? et pourquoi pareil désarroi à la pensée d'être venu ?

TIRÉSIAS. – Va, laisse-moi rentrer chez moi : nous aurons, si tu m'écoutes, moins de peine à porter, moi mon sort, toi le tien[25].

ŒDIPE. – Que dis-tu ? Il n'est ni normal ni conforme à l'amour que tu dois à Thèbes, ta mère, de lui refuser un oracle.

TIRÉSIAS. – Ah ! c'est que je te vois[26] toi-même ne pas dire ici ce qu'il faut ; et, comme je crains de commettre la même erreur à mon tour...

ŒDIPE. – Non, par les dieux ! si tu sais, ne te détourne pas de nous. Nous sommes tous ici à tes pieds, suppliants.

TIRÉSIAS. – C'est que tous, tous, vous ignorez... Mais non, n'attends pas de moi que je révèle mon malheur – pour ne pas dire : le tien.

ŒDIPE. – Comment ? tu sais, et tu ne veux rien dire ! Ne comprends-tu pas que tu nous trahis et perds ton pays ?

TIRÉSIAS. – Je ne veux affliger ni toi ni moi. Pourquoi me pourchasser vainement de la sorte ? De moi tu ne sauras rien.

ŒDIPE. – Ainsi, ô le plus méchant des méchants – car vraiment tu mettrais en fureur un roc —, ainsi, tu ne veux rien dire, tu prétends te montrer insensible, entêté à ce point ?

TIRÉSIAS. – Tu me reproches mon furieux entêtement, alors que tu ne sais pas voir[27] celui qui loge chez toi, et c'est moi qu'ensuite tu blâmes !

ŒDIPE. – Et qui ne serait en fureur à entendre de ta bouche des mots qui sont autant d'affronts pour cette ville ?

TIRÉSIAS. – Les malheurs viendront bien seuls : peu importe que je me taise et cherche à te les cacher !

ŒDIPE. – Mais alors, s'ils doivent venir, ne faut-il pas que tu me les dises ?

ΤΕ. Οὐκ ἂν πέρᾱ φράσαιμι· πρὸς τάδ᾽, εἰ θέλεις,
θῡμοῦ δι᾽ ὀργῆς ἥτις ἀγριωτάτη.

ΟΙ. Καὶ μὴν παρήσω γ᾽ οὐδέν, ὡς ὀργῆς ἔχω,   345
ἅπερ ξυνίημ᾽. Ἴσθι γὰρ δοκῶν ἐμοὶ
καὶ ξυμφυτεῦσαι τοὖργον, εἰργάσθαι θ᾽, ὅσον
μὴ χερσὶ καίνων· εἰ δ᾽ ἐτύγχανες βλέπων,
καὶ τοὖργον ἂν σοῦ τοῦτ᾽ ἔφην εἶναι μόνου.

ΤΕ. Ἄληθες ; ἐννέπω σὲ τῷ κηρύγματι   350
ᾧπερ προεῖπας ἐμμένειν, κᾱφ᾽ ἡμέρᾱς
τῆς νῦν προσαυδᾶν μήτε τούσδε μήτ᾽ ἐμέ,
ὡς ὄντι γῆς τῆσδ᾽ ἀνοσίῳ μιάστορι.

ΟΙ. Οὕτως ἀναιδῶς ἐξεκίνησας τόδε
τὸ ῥῆμα, καὶ ποῦ τοῦτο φεύξεσθαι δοκεῖς ;   355

ΤΕ. Πέφευγα· τᾱληθὲς γὰρ ἰσχῦον τρέφω.

ΟΙ. Πρὸς τοῦ διδαχθείς ; οὐ γὰρ ἔκ γε τῆς τέχνης.

ΤΕ. Πρὸς σοῦ· σὺ γάρ μ᾽ ἄκοντα προὐτρέψω λέγειν.

ΟΙ. Ποῖον λόγον ; λέγ᾽ αὖθις, ὡς μᾶλλον μάθω.

ΤΕ. Οὐχὶ ξυνῆκας πρόσθεν ; ἢ ᾽κπειρᾷ λέγειν ;   360

ΟΙ. Οὐχ ὥστε γ᾽ εἰπεῖν γνωστόν· ἀλλ᾽ αὖθις φράσον.

ΤΕ. Φονέα σέ φημι τᾱνδρὸς οὗ ζητεῖς κυρεῖν.

ΟΙ. Ἀλλ᾽ οὔ τι χαίρων δίς γε πημονὰς ἐρεῖς.

ΤΕ. Εἴπω τι δῆτα κᾱλλ᾽, ἵν᾽ ὀργίζῃ πλέον ;

ΟΙ. Ὅσον γε χρῄζεις· ὡς μάτην εἰρήσεται.   365

ΤΕ. Λεληθέναι σέ φημι σὺν τοῖς φιλτάτοις
αἴσχισθ᾽ ὁμιλοῦντ᾽, οὐδ᾽ ὁρᾶν ἵν᾽ εἶ κακοῦ.

28. Œdipe cède à la colère, de la manière « la plus farouche, la plus sauvage ». Pour un conflit entre pouvoir et prophétie, se reporter à l'épisode entre Agamemnon et Calchas, au chant I de l'*Iliade*.
29. P. Mazon surenchérit dans la métaphore visuelle : « je comprends » suffirait à la place de « j'entrevois », et « selon moi » permettrait d'éviter « à mes yeux ».

TIRÉSIAS. – Je n'en dirai pas plus. Après quoi, à ta guise ! laisse ton dépit déployer sa fureur la plus farouche[28].

ŒDIPE. – Eh bien soit ! Dans la fureur où je suis, je ne cèlerai rien de ce que j'entrevois. Sache donc qu'à mes yeux[29] c'est toi qui as tramé le crime, c'est toi qui l'as commis – à cela près seulement que ton bras n'a pas frappé. Mais, si tu avais des yeux, je dirais que même cela, c'est toi, c'est toi seul qui l'as fait.

TIRÉSIAS. – Vraiment ? Eh bien, je te somme, moi, de t'en tenir à l'ordre que tu as proclamé toi-même, et donc de ne plus parler de ce jour à qui que ce soit, ni à moi, ni à ces gens ; car, sache-le, c'est toi, c'est toi le criminel qui souille ce pays !

ŒDIPE. – Quoi ? tu as l'impudence de lâcher pareil mot ! Mais comment crois-tu donc te dérober ensuite ?

TIRÉSIAS. – Je demeure hors de tes atteintes : en moi vit la force du vrai.

ŒDIPE. – Et qui t'aurait appris le vrai ? Ce n'est certes pas ton art.

TIRÉSIAS. – C'est toi, puisque tu m'as poussé à parler malgré moi.

ŒDIPE. – Et à dire quoi ? répète, que je sache mieux.

TIRÉSIAS. – N'as-tu donc pas compris ? Ou bien me tâtes-tu pour me faire parler ?

ŒDIPE. – Pas assez pour dire que j'ai bien saisi. Va, répète encore.

TIRÉSIAS. – Je dis que c'est toi l'assassin recherché.

ŒDIPE. – Ah ! tu ne répéteras pas de telles horreurs impunément !

TIRÉSIAS. – Et dois-je encore, pour accroître ta fureur…

ŒDIPE. – Dis ce que tu voudras : tu parleras pour rien.

TIRÉSIAS. – Eh bien donc, je le dis. Sans le savoir, tu vis dans un commerce infâme avec les plus proches des tiens, et sans te rendre compte du degré de misère où tu es parvenu.

ΟΙ.   *Η καὶ γεγηθὼς ταῦτ' ἀεὶ λέξειν δοκεῖς ;

ΤΕ.   Εἴπερ τί γ' ἔστι τῆς ἀληθείας σθένος.

ΟΙ.   'Αλλ' ἔστι, πλὴν σοί· σοὶ δὲ τοῦτ' οὐκ ἔστ', ἐπεὶ 370
        τυφλὸς τά τ' ὦτα τόν τε νοῦν τά τ' ὄμματ' εἶ.

ΤΕ.   Σὺ δ' ἄθλιός γε ταῦτ' ὀνειδίζων ἃ σοὶ
        οὐδεὶς ὃς οὐχὶ τῶνδ' ὀνειδιεῖ τάχα.

ΟΙ.   Μιᾶς τρέφη πρὸς νυκτός, ὥστε μήτ' ἐμὲ
        μήτ' ἄλλον ὅστις φῶς ὁρᾷ βλάψαι ποτ' ἄν.   375

ΤΕ.   Οὐ γάρ με μοῖρα πρός γε σοῦ πεσεῖν, ἐπεὶ
        ἱκανὸς 'Απόλλων ᾧ τάδ' ἐκπρᾶξαι μέλει.

ΟΙ.   Κρέοντος ἢ σοῦ ταῦτα τἀξευρήματα ;

ΤΕ.   Κρέων δέ σοι πῆμ' οὐδέν, ἀλλ' αὐτὸς σὺ σοί.

ΟΙ.   *Ω πλοῦτε καὶ τυραννὶ καὶ τέχνη τέχνης   380
        ὑπερφέρουσα, τῷ πολυζήλῳ βίῳ
        ὅσος παρ' ὑμῖν ὁ φθόνος φυλάσσεται,
        εἰ τῆσδέ γ' ἀρχῆς οὕνεχ', ἣν ἐμοὶ πόλις
        δωρητόν, οὐκ αἰτητόν, εἰσεχείρισεν.
        ταύτης Κρέων ὁ πιστός, οὐξ ἀρχῆς φίλος,   385
        λάθρᾳ μ' ὑπελθὼν ἐκβαλεῖν ἱμείρεται,
        ὑφεὶς μάγον τοιόνδε μηχανορράφον,
        δόλιον ἀγύρτην, ὅστις ἐν τοῖς κέρδεσιν
        μόνον δέδορκε, τὴν τέχνην δ' ἔφυ τυφλός.
        'Επεί, φέρ' εἰπέ, ποῦ σὺ μάντις εἶ σαφής ;   390
        πῶς οὐχ, ὅθ' ἡ ῥαψῳδὸς ἐνθάδ' ἦν κύων,
        ηὔδας τι τοῖσδ' ἀστοῖσιν ἐκλυτήριον ;
        Καίτοι τό γ' αἴνιγμ' οὐχὶ τοὐπιόντος ἦν
        ἀνδρὸς διειπεῖν, ἀλλὰ μαντείας ἔδει·
        ἣν οὔτ' ἀπ' οἰωνῶν σὺ προὐφάνης ἔχων   395
        οὔτ' ἐκ θεῶν του γνωτόν· ἀλλ' ἐγὼ μολών,

30. Littéralement : « Car tu es aveugle (tuphlos) de l'ouïe, de l'esprit et des yeux. »

ŒDIPE. – Et tu t'imagines pouvoir en dire plus sans qu'il t'en coûte rien ?

TIRÉSIAS. – Oui, si la vérité garde quelque pouvoir.

ŒDIPE. – Ailleurs, mais pas chez toi ! Non, pas chez un aveugle, dont l'âme et les oreilles sont aussi fermées que les yeux[30] !

TIRÉSIAS. – Mais toi aussi, tu n'es qu'un malheureux, quand tu me lances des outrages que tous ces gens bientôt te lanceront aussi.

ŒDIPE. – Tu ne vis, toi, que de ténèbres : comment donc me pourrais-tu nuire, à moi, comme à quiconque voit la clarté du jour ?

TIRÉSIAS. – Non, mon destin n'est pas de tomber sous tes coups : Apollon n'aurait pas de peine à te les faire payer.

ŒDIPE. – Est-ce Créon ou toi qui inventas l'histoire ?

TIRÉSIAS. – Ce n'est pas Créon qui te perd, c'est toi.

ŒDIPE. – Ah ! richesse, couronne, savoir surpassant tous autres savoirs, vous faites sans doute la vie enviable ; mais que de jalousies vous conservez aussi contre elle chez vous ! s'il est vrai que, pour ce pouvoir, que Thèbes m'a mis elle-même en main, sans que je l'aie, moi, demandé jamais, Créon, le loyal Créon, l'ami de toujours, cherche aujourd'hui sournoisement à me jouer, à me chasser d'ici, et qu'il a pour cela suborné ce faux prophète, ce grand meneur d'intrigues, ce fourbe charlatan, dont les yeux sont ouverts au gain, mais tout à fait clos à son art. Car enfin, dis-moi, quand donc as-tu été un devin véridique ? pourquoi, quand l'ignoble Chanteuse[31] était dans nos murs, ne disais-tu pas à ces citoyens le mot qui les eût sauvés ? Ce n'était pourtant pas le premier venu qui pouvait résoudre l'énigme : il fallait l'art d'un devin. Cet art, tu n'as pas montré que tu l'eusses appris ni des oiseaux ni d'un dieu ! Et cepen-

---

31. Littéralement : « la diseuse de vers, la chienne ».

δ μηδὲν εἰδὼς Οἰδίπους, ἔπαυσά νιν,
γνώμῃ κυρήσας οὐδ' ἀπ' οἰωνῶν μαθών·
ὃν δὴ σὺ πειρᾷς ἐκβαλεῖν, δοκῶν θρόνοις
παραστατήσειν τοῖς Κρεοντείοις πέλας.   600
Κλαίων δοκεῖς μοι καὶ σὺ χὠ συνθεὶς τάδε
ἀγηλατήσειν· εἰ δὲ μὴ 'δόκεις γέρων
εἶναι, παθὼν ἔγνως ἂν οἷά περ φρονεῖς.

ΧΟ.   Ἡμῖν μὲν εἰκάζουσι καὶ τὰ τοῦδ' ἔπη
ὀργῇ λελέχθαι καὶ τὰ σ', Οἰδίπου, δοκεῖ.   605
Δεῖ δ' οὐ τοιούτων, ἀλλ' ὅπως τὰ τοῦ θεοῦ
μαντεῖ' ἄριστα λύσομεν, τόδε σκοπεῖν.

ΤΕ.   Εἰ καὶ τυραννεῖς, ἐξισωτέον τὸ γοῦν
ἴσ' ἀντιλέξαι· τοῦδε γὰρ κἀγὼ κρατῶ·
οὐ γάρ τι σοὶ ζῶ δοῦλος, ἀλλὰ Λοξίᾳ,   610
ὥστ' οὐ Κρέοντος προστάτου γεγράψομαι.
Λέγω δ', ἐπειδὴ καὶ τυφλόν μ' ὠνείδισας·
σὺ καὶ δέδορκας κοὐ βλέπεις ἵν' εἶ κακοῦ,
οὐδ' ἔνθα ναίεις, οὐδ' ὅτων οἰκεῖς μέτα.
Ἆρ' οἶσθ' ἀφ' ὧν εἶ; καὶ λέληθας ἐχθρὸς ὢν   615
τοῖς σοῖσιν αὐτοῦ νέρθε κἀπὶ γῆς ἄνω.
Καί σ' ἀμφιπλὴξ μητρός τε καὶ τοῦ σοῦ πατρὸς
ἐλᾷ ποτ' ἐκ γῆς τῆσδε δεινόπους ἀρά,
βλέποντα νῦν μὲν ὄρθ', ἔπειτα δὲ σκότον.
Βοῆς δὲ τῆς σῆς ποῖος οὐκ ἔσται λιμήν,   620
ποῖος Κιθαιρὼν οὐχὶ σύμφωνος τάχα,
ὅταν καταίσθῃ τὸν ὑμέναιον ὃν δόμοις
ἄνορμον εἰσέπλευσας εὐπλοίας τυχών;
Ἄλλων δὲ πλῆθος οὐκ ἐπαισθάνῃ κακῶν
ἅ σ' ἐξισώσει σοί τε καὶ τοῖς σοῖς τέκνοις.   625

dant j'arrive, moi, Œdipe, ignorant de tout[32], et c'est moi, moi seul, qui lui ferme la bouche, sans rien connaître des présages, par ma seule présence d'esprit. Et voilà l'homme qu'aujourd'hui tu prétends expulser de Thèbes ! Déjà tu te vois sans doute debout auprès du trône de Créon ? Cette expulsion-là pourrait te coûter cher, à toi comme à celui qui a mené l'intrigue. Si tu ne me faisais l'effet d'un bien vieil homme, tu recevrais exactement la leçon due à ta malice.

LE CHŒUR. – Il nous semble bien à nous que, si ses mots étaient dictés par la colère, il en est de même pour les tiens, Œdipe ; et ce n'est pas de tels propos que nous avons besoin ici. Comment résoudre au mieux l'oracle d'Apollon ! voilà seulement ce que nous avons à examiner.

TIRÉSIAS. – Tu règnes ; mais j'ai mon droit aussi, que tu dois reconnaître, le droit de te répondre point pour point à mon tour, et il est à moi sans conteste. Je ne suis pas à tes ordres, je suis à ceux de Loxias ; je n'aurai pas dès lors à réclamer le patronage de Créon. Et voici ce que je te dis. Tu me reproches d'être aveugle ; mais toi, toi qui y vois, comment ne vois-tu pas à quel point de misère tu te trouves à cette heure ? et sous quel toit tu vis, en compagnie de qui ? – sais-tu seulement de qui tu es né ? – Tu ne te doutes pas que tu es en horreur aux tiens dans l'enfer comme sur la terre. Bientôt, comme un double fouet, la malédiction d'un père et d'une mère, qui approche, terrible, va te chasser d'ici. Tu vois le jour : tu ne verras bientôt plus que la nuit. Quels bords ne rempliras-tu pas alors de tes clameurs ? – quel Cithéron n'y fera pas écho ? – lorsque tu comprendras quel rivage inclément fut pour toi cet hymen où te fit aborder un trop heureux voyage ! Tu n'entrevois pas davantage le flot de désastres nouveaux qui va te ravaler au rang de tes

---

32. Effet de paréchèse souligné par P. Masqueray : jeu sonore et parétymologique entre *eidôs* et *Oidipous* (cf. v. 1365-1366).

Πρὸς ταῦτα καὶ Κρέοντα καὶ τοὐμὸν στόμα
προπηλάκιζε· σοῦ γὰρ οὐκ ἔστιν βροτῶν
κάκιον ὅστις ἐκτριβήσεταί ποτε.

ΟΙ. Ἡ ταῦτα δῆτ' ἀνεκτὰ πρὸς τούτου κλύειν ;
Οὐκ εἰς ὄλεθρον ; οὐχὶ θᾶσσον ; οὐ πάλιν   430
ἄψορρος οἴκων τῶνδ' ἀποστραφεὶς ἄπει ;

ΓΕ. Οὐδ' ἱκόμην ἔγωγ' ἄν, εἰ σὺ μὴ 'κάλεις.

ΟΙ. Οὐ γάρ τί σ' ᾔδη μῶρα φωνήσοντ', ἐπεὶ
σχολῇ σ' ἂν οἴκους τοὺς ἐμοὺς ἐστειλάμην.

ΓΕ. Ἡμεῖς τοιοίδ' ἔφυμεν, ὡς μὲν σοὶ δοκεῖ,   435
μῶροι, γονεῦσι δ' οἵ σ' ἔφυσαν, ἔμφρονες.

ΟΙ. Ποίοισι ; μεῖνον· τίς δέ μ' ἐκφύει βροτῶν ;

ΓΕ. Ἡδ' ἡμέρα φύσει σε καὶ διαφθερεῖ.

ΟΙ. Ὡς πάντ' ἄγαν αἰνικτὰ κἀσαφῆ λέγεις.

ΓΕ. Οὔκουν σὺ ταῦτ' ἄριστος εὑρίσκειν ἔφυς ;   440

ΟΙ. Τοιαῦτ' ὀνείδιζ' οἷς ἔμ' εὑρήσεις μέγαν.

ΓΕ. Αὕτη γε μέντοι σ' ἡ τύχη διώλεσεν.

ΟΙ. Ἀλλ' εἰ πόλιν τήνδ' ἐξέσωσ' οὔ μοι μέλει.

ΓΕ. Ἄπειμι τοίνυν· καὶ σύ, παῖ, κόμιζέ με.

ΟΙ. Κομιζέτω δῆθ'· ὡς παρὼν σύ γ' ἐμποδὼν   445
ὀχλεῖς, συθείς τ' ἂν οὐκ ἂν ἀλγύναις πλέον.

ΓΕ. Εἰπὼν ἄπειμ' ὧν οὕνεκ' ἦλθον, οὐ τὸ σὸν
δείσας πρόσωπον· οὐ γὰρ ἔσθ' ὅπου μ' ὀλεῖς.
Λέγω δέ σοι· τὸν ἄνδρα τοῦτον ὃν πάλαι
ζητεῖς ἀπειλῶν κἀνακηρύσσων φόνον   450
τὸν Λάΐειον, οὗτός ἐστιν ἐνθάδε,

---

33. Il est impossible de savoir quel rôle Tirésias pouvait jouer dans
le *Laïos* d'Eschyle.

enfants ! Après cela, va, insulte Créon, insulte mes oracles : jamais homme avant toi n'aura plus durement été broyé du sort.

ŒDIPE. – Ah ! peut-on tolérer d'entendre parler de la sorte ? Va-t'en à la male heure, et vite ! Vite, tourne le dos à ce palais. Loin d'ici ! va-t'en !

TIRÉSIAS. – Je ne fusse pas venu de moi-même ; c'est toi seul qui m'as appelé.

ŒDIPE. – Pouvais-je donc savoir que tu ne dirais que sottises ? J'aurais pris sans cela mon temps pour te mander jusqu'ici.

TIRÉSIAS. – Je t'apparais donc sous l'aspect d'un sot ? Pourtant j'étais un sage aux yeux de tes parents[33].

ŒDIPE. – Quels parents ? Reste là. De qui suis-je le fils ?

TIRÉSIAS. – Ce jour te fera naître et mourir à la fois[34].

ŒDIPE. – Tu ne peux donc user que de mots obscurs et d'énigmes ?

TIRÉSIAS. – Quoi ! tu n'excelles plus à trouver les énigmes ?

ŒDIPE. – Va, reproche-moi donc ce qui fait ma grandeur.

TIRÉSIAS. – C'est ton succès pourtant qui justement te perd.

ŒDIPE. – Si j'ai sauvé la ville, que m'importe le reste ?

TIRÉSIAS. – Eh bien ! je pars. Enfant, emmène-moi.

ŒDIPE. – Oui, certes, qu'il t'emmène ! Ta présence me gêne et me pèse. Tu peux partir : je n'en serais pas plus chagrin.

TIRÉSIAS. – Je pars, mais je dirai d'abord ce pour quoi je suis venu. Ton visage ne m'effraie pas : ce n'est pas toi qui peux me perdre. Je te le dis en face : l'homme que tu cherches depuis quelque temps avec toutes ces menaces, ces proclamations sur Laïos assassi-

34. Ce vers dit par Tirésias rapelle de manière troublante la confusion temporelle qui s'opère dans chacune des énigmes de la Sphinx.

ξένος λόγῳ μέτοικος, εἶτα δ' ἐγγενὴς
φανήσεται Θηβαῖος, οὐδ' ἡσθήσεται
τῇ ξυμφορᾷ· τυφλὸς γὰρ ἐκ δεδορκότος
καὶ πτωχὸς ἀντὶ πλουσίου ξένην ἔπι   455
σκήπτρῳ προδεικνὺς γαῖαν ἐμπορεύσεται.
Φανήσεται δὲ παισὶ τοῖς αὑτοῦ ξυνὼν
ἀδελφὸς αὑτὸς καὶ πατήρ, κἀξ ἧς ἔφυ
γυναικὸς υἱὸς καὶ πόσις, καὶ τοῦ πατρὸς
ὁμόσπορός τε καὶ φονεύς. Καὶ ταῦτ' ἰὼν   460
εἴσω λογίζου· κἂν λάβῃς μ' ἐψευσμένον,
φάσκειν ἔμ' ἤδη μαντικῇ μηδὲν φρονεῖν.

XO. Τίς ὅντιν' ἇ θεσπιέπει-
      ᾶ Δελφὶς εἶπε πέτρᾳ   Str. 1.
      ἄρρητ' ἀρρήτων τελέσαν-   465
        τα φοινίαισι χερσίν ;

      Ὥρᾳ νιν ἀελλάδων
      ἵππων σθεναρώτερον
        φυγᾷ πόδα νωμᾶν·

      ἔνοπλος γὰρ ἐπ' αὐτὸν ἐπενθρῴσκει
      πυρὶ καὶ στεροπαῖς ὁ Διὸς γενέτας,   470
      δειναὶ δ' ἅμ' ἕπονται
      Κῆρες ἀναπλάκητοι.

      Ἔλαμψε γὰρ τοῦ νιφόεν-
      τος ἀρτίως φανεῖσα   Ant. 1
      φάμα Παρνασσοῦ τὸν ἄδη-   475
        λον ἄνδρα πάντ' ἰχνεύειν·

---

35. Après les accusations directes de Tirésias, cette troisième personne fait l'effet d'une atténuation, d'une mise à distance, voire d'un
recul.

né, cet homme est ici même[35]. On le croit un étranger, un étranger fixé dans le pays, il se révélera un Thébain authentique – et ce n'est pas cette aventure qui lui procurera grande joie. Il y voyait : de ce jour il sera aveugle ; il était riche ; il mendiera, et, tâtant sa route devant lui avec son bâton, il prendra le chemin de la terre étrangère. Et, du même coup, il se révélera père et frère à la fois des fils qui l'entouraient, époux et fils ensemble de la femme dont il est né, rival incestueux aussi bien qu'assassin de son propre père ! Rentre à présent, médite mes oracles, et si tu t'assures que je t'ai menti, je veux bien alors que tu dises que j'ignore tout de l'art des devins.

Il s'en va. Œdipe rentre dans le palais.

PREMIER *STASIMON*

LE CHŒUR. (Strophe 1)[36] – *Quel est donc celui qu'à Delphes a désigné la roche prophétique comme ayant de sa main sanglante consommé des forfaits passant tous les forfaits ?*

Voici l'heure pour lui de mouvoir dans sa fuite des jarrets plus robustes que ceux de ces cavales qui luttent avec les vents.

Déjà sur lui le fils de Zeus s'élance, armé de flammes et d'éclairs, et sur ses traces courent les déesses de mort, les terribles déesses qui jamais n'ont manqué leur proie.

(Antistrophe 1) Elle vient de luire, éclatante, la parole jaillie du Parnasse neigeux. Elle veut que chacun se jette sur la piste du coupable incertain.

---

36. La strophe est composée de vers éoliens ; on note quelques anapestes. Le Chœur marque un retrait par rapport aux accusations de Tirésias, avant de laisser une place au doute dans la seconde couple de strophes.

φοιτᾷ γὰρ ὑπ' ἀγρίαν
ὕλαν ἀνά τ' ἄντρα καὶ
    πέτρας ἅτε ταῦρος,

μέλεος μελέῳ ποδὶ χηρεύων,
τὰ μεσόμφαλα γᾶς ἀπονοσφίζων
μαντεῖα· τὰ δ' αἰεὶ   480
ζῶντα περιποτᾶται.

Δεινὰ μὲν οὖν, δεινὰ ταράσ-   Str. 2.
    σει σοφὸς οἰωνοθέτας,
οὔτε δοκοῦντ' οὔτ' ἀποφάσ-   485
    κονθ'· ὅ τι λέξω δ' ἀπορῶ·
πέτομαι δ' ἐλπίσιν οὔτ' ἐν-
    θάδ' ὁρῶν οὔτ' ὀπίσω.

Τί γὰρ ἢ Λαβδακίδαις
ἢ τῷ Πολύβου νεῖκος ἔ-   490
    κειτ'; Οὔτε πάροιθέν ποτ' ἔ-
    γωγ' οὔτε τανῦν πω
ἔμαθον πρὸς ὅτου δὴ βασάνῳ ⟨– ◡ ◡ –⟩
ἐπὶ τὰν ἐπίδαμον
    φάτιν εἶμ' Οἰδιπόδᾳ Λαβδακίδαις   493
ἐπίκουρος ἀδήλων θανάτων.

'Αλλ' ὁ μὲν οὖν Ζεὺς ὅ τ' 'Απόλ-   Ant. 2
    λων ξυνετοὶ καὶ τὰ βροτῶν
εἰδότες· ἀνδρῶν δ' ὅτι μάν-
    τις πλέον ἢ 'γὼ φέρεται,   500
κρίσις οὐκ ἔστιν ἀληθής·
    σοφίᾳ δ' ἂν σοφίαν

παραμείψειεν ἀνήρ·
ἀλλ' οὔποτ' ἔγωγ' ἄν, πρὶν ἴ-
    δοιμ' ὀρθὸν ἔπος, μεμφομέ-   505
νων ἂν καταφαίην.

Déjà il va errant par la forêt sauvage, à travers grottes et rochers, tout comme un taureau.

Solitaire et misérable dans sa fuite misérable, il tâche d'échapper aux oracles sortis du centre de la terre. Mais eux sont toujours là, volant autour de lui !

(Strophe 2)[37] *Sans doute il me trouble, me trouble étrangement, le sage devin. Je ne puis le croire ni le démentir. Que dire ? Je ne sais ? Je flotte au vent de mes craintes et ne vois plus rien ni devant ni derrière moi.*

Quel grief pouvait exister, soit dans l'âme des Labdacides, soit dans celle du fils de Polybe[38] *? Ni dans le passé ni dans le présent,*

je ne trouve la moindre preuve qui me force à partir en guerre contre le renom bien assis d'Œdipe, et à m'instituer, au nom des Labdacides, le vengeur de tel ou tel meurtre incertain.

(Antistrophe 2) Mais si Zeus et si Apollon sont sans doute clairvoyants et s'ils sont bien instruits du destin des mortels, parmi les hommes en revanche, un devin possède-t-il, lui, des dons supérieurs aux miens ? Rien ne l'atteste vraiment. Oui, un savoir humain

peut toujours en dépasser d'autres[39]*, mais, tant que je n'aurai pas vu se vérifier les dires de ses accusateurs, je me refuse à les admettre.*

37. Par un changement de rythme, les choriambes laissent la place aux ioniques mineurs.

38. Polybe est le roi de Corinthe et le père que se suppose Œdipe, comme il le dit lui-même à Jocaste (v. 774).

39. Motif fréquent dans la poésie lyrique chorale, et notamment chez Pindare, sur la relativité des formes de la connaissance humaine. La *sophia*, traduite par « habileté », signifie le savoir prophétique aussi bien que l'activité poétique.

Φανερὰ γὰρ ἐπ' αὐτῷ πτερόεσσ' ἦλθε κόρα
ποτέ, καὶ σοφὸς ὤφθη
   βασάνῳ θ' ἁδύπολις· τῷ ἀπ' ἐμᾶς   510
φρενὸς οὔποτ' ὀφλήσει κακίαν.

KP. Ἄνδρες πολῖται, δείν' ἔπη πεπυσμένος
κατηγορεῖν μου τὸν τύραννον Οἰδίπουν,
πάρειμ' ἀτλητῶν. Εἰ γὰρ ἐν ταῖς ξυμφοραῖς   515
ταῖς νῦν νομίζει πρός γ' ἐμοῦ πεπονθέναι
λόγοισιν εἴτ' ἔργοισιν εἰς βλάβην φέρον,
οὔτοι βίου μοι τοῦ μακραίωνος πόθος,
φέροντι τήνδε βάξιν. Οὐ γὰρ εἰς ἁπλοῦν
ἡ ζημία μοι τοῦ λόγου τούτου φέρει,   520
ἀλλ' ἐς μέγιστον, εἰ κακὸς μὲν ἐν πόλει,
κακὸς δὲ πρὸς σοῦ καὶ φίλων κεκλήσομαι.
ΧΟ. Ἀλλ' ἦλθε μὲν δὴ τοῦτο τοὔνειδος τάχ' ἂν
ὀργῇ βιασθὲν μᾶλλον ἢ γνώμῃ φρενῶν.
KP. Τοὔπος δ' ἐφάνθη ταῖς ἐμαῖς γνώμαις ὅτι   525
πεισθεὶς ὁ μάντις τοὺς λόγους ψευδεῖς λέγοι;
ΧΟ. Ηὐδᾶτο μὲν τάδ', οἶδα δ' οὐ γνώμῃ τίνι.
KP. Ἐξ ὀμμάτων δ' ὀρθῶν τε κἀξ ὀρθῆς φρενὸς
κατηγορεῖτο τοὐπίκλημα τοῦτό μου;
ΧΟ. Οὐκ οἶδ'· ἃ γὰρ δρῶσ' οἱ κρατοῦντες οὐχ ὁρῶ.   530
Αὐτὸς δ' ὅδ' ἤδη δωμάτων ἔξω περᾷ.

40. Cette réplique de Créon met à nouveau l'accent sur les yeux
d'Œdipe ; la réponse du Chœur, qui exprime la sujétion des Vieillards
à leur roi, peut aussi s'interpréter en termes de mise en scène.

41. Pour la première fois, Œdipe est précédé par un acteur, et
interrompt une scène qui avait lieu sans lui. Dramaturgiquement, cette
disposition exprime une dépossession de l'espace au moment où
Œdipe perçoit un complot de la part de Créon. La courte scène à un

Ce qui demeure manifeste, c'est que la Vierge ailée un jour s'en prit à lui, et qu'il éprouva alors et sa sagesse et son amour pour Thèbes. Et c'est pourquoi jamais mon cœur ne lui imputera un crime.

SECOND ÉPISODE

Créon arrive par la droite.

CRÉON. – On m'apprend, citoyens, que notre roi Œdipe se répand contre moi en propos singuliers. L'idée m'en est intolérable, et c'est pourquoi je suis ici. Si vraiment il s'imagine qu'à l'heure où nous nous trouvons je lui cause le moindre tort, soit en paroles, soit en actes, je ne souhaite plus de vivre davantage : tel décri me pèserait trop. Des dires de ce genre m'apportent plus qu'un simple préjudice : serait-il pour moi rien de pis que de passer pour un félon dans ma cité, pour un félon à tes yeux ainsi qu'aux yeux de tous les miens ?

LE CHŒUR. – L'outrage a bien pu lui être arraché par la colère plutôt qu'énoncé de sang-froid.

CRÉON. – Et la chose a été formellement dite : ce serait pour servir mes vues que le devin aurait énoncé ces mensonges ?

LE CHŒUR. – Oui, c'est bien là ce qu'il disait, mais dans quel esprit ? je l'ignore.

CRÉON. – Mais conservait-il le regard[40], le jugement d'un homme ayant sa tête, alors qu'il lançait cette accusation contre moi ?

LE CHŒUR. – Je ne sais pas : je n'ai point d'yeux pour ce que font mes maîtres. Mais le voici qui sort à l'instant du palais[41].

acteur (Créon-Chœur), la scène fondamentale d'Eschyle, était transitoire : elle laisse place à la scène fondamentale chez Sophocle, l'affrontement de deux acteurs, scène toujours exceptionnelle chez Eschyle.

ΟΙ.   Οὗτος σύ, πῶς δεῦρ' ἦλθες ; ἢ τοσόνδ' ἔχεις
       τόλμης πρόσωπον ὥστε τὰς ἐμὰς στέγας
       ἵκου, φονεὺς ὢν τοῦδε τἀνδρὸς ἐμφανῶς
       λῃστής τ' ἐναργὴς τῆς ἐμῆς τυραννίδος ;   535
       Φέρ' εἰπὲ πρὸς θεῶν, δειλίαν ἢ μωρίαν
       ἰδών τιν' ἔν μοι ταῦτ' ἐβουλεύσω ποεῖν ;
       ἢ τοὔργον ὡς οὐ γνωρίσοιμί σου τόδε
       δόλῳ προσέρπον κοὐκ ἀλεξοίμην μαθών ;
       Ἆρ' οὐχὶ μῶρόν ἐστι τοὐγχείρημά σου,   540
       ἄνευ τε πλήθους καὶ φίλων τυραννίδα
       θηρᾶν, ὃ πλήθει χρήμασίν θ' ἁλίσκεται ;
ΚΡ.   Οἶσθ' ὡς πόησον ; ἀντὶ τῶν εἰρημένων
       ἴσ' ἀντάκουσον, κᾆτα κρῖν' αὐτὸς μαθών.
ΟΙ.   Λέγειν σὺ δεινός, μανθάνειν δ' ἐγὼ κακὸς   545
       σοῦ· δυσμενῆ γὰρ καὶ βαρύν σ' ηὕρηκ' ἐμοί.
ΚΡ.   Τοῦτ' αὐτὸ νῦν μου πρῶτ' ἄκουσον ὡς ἐρῶ.
ΟΙ.   Τοῦτ' αὐτὸ μή μοι φράζ' ὅπως οὐκ εἶ κακός.
ΚΡ.   Εἴ τοι νομίζεις κτῆμα τὴν αὐθαδίαν
       εἶναί τι τοῦ νοῦ χωρίς, οὐκ ὀρθῶς φρονεῖς.   550
ΟΙ.   Εἴ τοι νομίζεις ἄνδρα συγγενῆ κακῶς
       δρῶν οὐχ ὑφέξειν τὴν δίκην, οὐκ εὖ φρονεῖς.
ΚΡ.   Ξύμφημί σοι ταῦτ' ἔνδικ' εἰρῆσθαι· τὸ δὲ
       πάθημ' ὁποῖον φῂς παθεῖν δίδασκέ με.
ΟΙ.   Ἔπειθες ἢ οὐκ ἔπειθες ὡς χρείη μ' ἐπὶ   555
       τὸν σεμνόμαντιν ἄνδρα πέμψασθαί τινα ;
ΚΡ.   Καὶ νῦν ἔθ' αὐτός εἰμι τῷ βουλεύματι.
ΟΙ.   Πόσον τιν' ἤδη δῆθ' ὁ Λάϊος χρόνον —

---

42. Les mots d'Œdipe « jusqu'à mon palais », avec un possessif
exprimé, montrent bien que Créon n'en fait pas partie.

Œdipe paraît sur son seuil.

ŒDIPE. – Hé là ! que fais-tu donc ici ? Quoi ! tu as le front, insolent, de venir jusqu'à mon palais[42], assassin qui en veux clairement à ma vie, brigand visiblement avide de mon trône !... Mais, voyons, parle, au nom des dieux ! qu'as-tu saisi en moi – lâcheté ou sottise ? – pour que tu te sois décidé à me traiter de cette sorte ? Ou pensais-tu que je ne saurais pas surprendre ton complot en marche, ni lui barrer la route, si je le surprenais ? La sottise est plutôt dans ton projet, à toi, toi qui, sans le peuple, toi qui, sans amis, pars à la conquête d'un trône que l'on n'a jamais obtenu que par le peuple et par l'argent.

CRÉON. – Sais-tu ce que tu as à faire ? Tu as parlé : laisse-moi parler à mon tour, puis juge toi-même, une fois que tu m'auras entendu.

ŒDIPE. – Tu parles bien, mais, moi, je t'entends mal. Je te trouve à la fois hostile et inquiétant.

CRÉON. – Sur ce point justement, commence par m'écouter.

ŒDIPE. – Sur ce point justement, ne commence pas par dire que tu n'es pas un félon.

CRÉON. – Si vraiment tu t'imagines qu'arrogance sans raison constitue un avantage, tu n'as plus alors ton bon sens.

ŒDIPE. – Si vraiment tu t'imagines qu'un parent qui trahit les siens n'en doit pas être châtié, tu as perdu aussi le sens.

CRÉON. – J'en suis d'accord. Rien de plus juste. Mais quel tort prétends-tu avoir subi de moi ? dis-le.

ŒDIPE. – Oui ou non, soutenais-tu que je devais envoyer quérir l'auguste devin ?

CRÉON. – Et, à cette heure encore, je suis du même avis.

ŒDIPE. – Dis-moi donc depuis quand votre roi Laïos...

ΚΡ. Δέδρᾱκε ποῖον ἔργον ; οὐ γὰρ ἐννοῶ.

ΟΙ. ἄφαντος ἔρρει θανασίμῳ χειρώματι ;   560

ΚΡ. Μακροὶ παλαιοί τ' ἂν μετρηθεῖεν χρόνοι.

ΟΙ. Τότ' οὖν ὁ μάντις οὗτος ἦν ἐν τῇ τέχνῃ ;

ΚΡ. Σοφός γ' ὁμοίως κᾆξ ἴσου τῑμώμενος.

ΟΙ. Ἐμνήσατ' οὖν ἐμοῦ τι τῷ τότ' ἐν χρόνῳ ;

ΚΡ. Οὔκουν ἐμοῦ γ' ἑστῶτος οὐδαμοῦ πέλας.   565

ΟΙ. Ἀλλ' οὐκ ἔρευναν τοῦ θανόντος ἔσχετε ;

ΚΡ. Παρέσχομεν, πῶς δ' οὐχί; κοὐκ ἐκύρσαμεν.

ΟΙ. Πῶς οὖν τόθ' οὗτος ὁ σοφὸς οὐκ ηὔδα τάδε ;

ΚΡ. Οὐκ οἶδ'· ἐφ' οἷς γὰρ μὴ φρονῶ σιγᾶν φιλῶ.

ΟΙ. Τοσόνδε γ' οἶσθα καὶ λέγοις ἂν εὖ φρονῶν —   570

ΚΡ. Ποῖον τόδ' ; εἰ γὰρ οἶδά γ', οὐκ ἀρνήσομαι.

ΟΙ. ὁθούνεκ', εἰ μὴ σοὶ ξυνῆλθε, τὰς ἐμὰς
    οὐκ ἄν ποτ' εἶπεν Λαΐου διαφθορᾱς.

ΚΡ. Εἰ μὲν λέγει τάδ', αὐτὸς οἶσθ'· ἐγὼ δὲ σοῦ
    μαθεῖν δικαιῶ ταῦθ' ἅπερ κἀμοῦ σὺ νῦν.   575

ΟΙ. Ἐκμάνθαν'· οὐ γὰρ δὴ φονεὺς ἁλώσομαι.

ΚΡ. Τί δῆτ' ; ἀδελφὴν τὴν ἐμὴν γήμας ἔχεις ;

ΟΙ. Ἄρνησις οὐκ ἔνεστιν ὧν ἀνιστορεῖς.

ΚΡ. Ἄρχεις δ' ἐκείνῃ ταὐτὰ γῆς ἴσον νέμων ;

ΟΙ. Ἂν ᾖ θέλουσα πάντ' ἐμοῦ κομίζεται.   580

ΚΡ. Οὔκουν ἰσοῦμαι σφῷν ἐγὼ δυοῖν τρίτος ;

CRÉON. – A fait quoi ? je ne saisis pas toute ta pensée.

ŒDIPE. – ... a disparu, victime d'une agression mortelle.

CRÉON. – On compterait depuis beaucoup de longues et de vieilles années.

ŒDIPE. – Notre devin déjà exerçait-il son art ?

CRÉON. – Oui, déjà aussi sage, aussi considéré.

ŒDIPE. – Parla-t-il de moi en cette occurrence ?

CRÉON. – Non, jamais, du moins devant moi.

ŒDIPE. – Mais ne fîtes-vous pas d'enquête sur le mort ?

CRÉON. – Si ! cela va de soi – sans aboutir à rien.

ŒDIPE. – Et pourquoi le sage devin ne parlait-il donc pas alors ?

CRÉON. – Je ne sais. Ma règle est de me taire quand je n'ai pas d'idée.

ŒDIPE. – Ce que tu sais et ce que tu diras, si tu n'as pas du moins perdu le sens...

CRÉON. – Quoi donc ? Si je le sais, je ne cacherai rien.

ŒDIPE. – C'est qu'il ne m'eût jamais, sans accord avec toi, attribué la mort de Laïos.

CRÉON. – Si c'est là ce qu'il dit, tu le sais par toi-même. Je te demande seulement de répondre, toi, à ton tour, ainsi que je l'ai fait pour toi.

ŒDIPE. – Soit ! interroge-moi : ce n'est pas en moi qu'on découvrira l'assassin !

CRÉON. – Voyons : tu as bien épousé ma sœur.

ŒDIPE. – Il me serait bien malaisé d'aller prétendre le contraire.

CRÉON. – Tu règnes donc sur ce pays avec des droits égaux aux miens ?

ŒDIPE. – Et tout ce dont elle a envie, sans peine elle l'obtient de moi.

CRÉON. – Et n'ai-je pas, moi, part égale de votre pouvoir à tous deux ?

ΟΙ. 'Ενταῦθα γὰρ δὴ καὶ κακὸς φαίνῃ φίλος.

ΚΡ. Οὔκ, εἰ διδοίης γ' ὡς ἔχω σαυτῷ λόγον.
Σκέψαι δὲ τοῦτο πρῶτον, εἴ τιν' ἂν δοκεῖς
ἄρχειν ἑλέσθαι ξὺν φόβοισι μᾶλλον ἢ   585
ἄτρεστον εὕδοντ', εἰ τά γ' αὔθ' ἕξει κράτη.
'Εγὼ μὲν οὖν οὔτ' αὐτὸς ἱμείρων ἔφυν
τύραννος εἶναι μᾶλλον ἢ τύραννα δρᾶν,
οὔτ' ἄλλος ὅστις σωφρονεῖν ἐπίσταται.
Νῦν μὲν γὰρ ἐκ σοῦ πάντ' ἄνευ φόβου φέρω·   590
εἰ δ' αὐτὸς ἦρχον, πολλὰ κἂν ἄκων ἔδρων.
Πῶς δῆτ' ἐμοὶ τυραννὶς ἡδίων ἔχειν
ἀρχῆς ἀλύπου καὶ δυναστείας ἔφυ;
Οὔπω τοσοῦτον ἠπατημένος κυρῶ
ὥστ' ἄλλα χρῄζειν ἢ τὰ σὺν κέρδει καλά.   595
Νῦν πᾶσι χαίρω, νῦν με πᾶς ἀσπάζεται,
νῦν οἱ σέθεν χρῄζοντες ἐκκαλοῦσί με·
τὸ γὰρ τυχεῖν αὐτοῖσι πᾶν ἐνταῦθ' ἔνι.
Πῶς δῆτ' ἐγὼ κεῖν' ἂν λάβοιμ' ἀφεὶς τάδε ;
οὐκ ἂν γένοιτο νοῦς κακὸς καλῶς φρονῶν.   600
'Αλλ' οὔτ' ἐραστὴς τῆσδε τῆς γνώμης ἔφυν,
οὔτ' ἂν μετ' ἄλλου δρῶντος ἂν τλαίην ποτέ.
Καὶ τῶνδ' ἔλεγχον, τοῦτο μὲν Πυθώδ' ἰών,
πεύθου τὰ χρησθέντ' εἰ σαφῶς ἤγγειλά σοι·
τοῦτ' ἀλλ', ἐάν με τῷ τερασκόπῳ λάβῃς   605
κοινῇ τι βουλεύσαντα, μή μ' ἁπλῇ κτάνῃς
ψήφῳ, διπλῇ δέ, τῇ τ' ἐμῇ καὶ σῇ, λαβών,
γνώμῃ δ' ἀδήλῳ μή με χωρὶς αἰτιῶ.
Οὐ γὰρ δίκαιον οὔτε τοὺς κακοὺς μάτην
χρηστοὺς νομίζειν οὔτε τοὺς χρηστοὺς κακούς. 610

---

43. Créon est un félon, *kakos* (cf. v. 548 et 615), qui est ici *philos*
en même temps, c'est-à-dire lié par des liens de parenté et d'alliance.

ŒDIPE. – Et c'est là justement que tu te révèles un félon[43] !

CRÉON. – Mais non ! Rends-toi seulement compte de mon cas. Réfléchis à ceci d'abord : crois-tu que personne aimât mieux régner dans le tremblement sans répit, que dormir paisible tout en jouissant du même pouvoir ? Pour moi, je ne suis pas né avec le désir d'être roi, mais bien avec celui de vivre comme un roi. Et de même quiconque est doué de raison. Aujourd'hui, j'obtiens tout de toi, sans le payer d'aucune crainte : si je régnais moi-même, que de choses je devrais faire malgré moi ! Comment pourrais-je donc trouver le trône préférable à un pouvoir, à une autorité qui ne m'apportent aucun souci ? Je ne me leurre pas au point de souhaiter plus qu'honneur uni à profit. Aujourd'hui je me trouve à mon aise avec tous, aujourd'hui chacun me fête, aujourd'hui quiconque a besoin de toi vient me chercher jusque chez moi : pour eux, le succès est là tout entier. Et je lâcherais ceci pour cela ? Non, raison ne saurait devenir déraison. Jamais je n'eus de goût pour une telle idée. Et je n'aurais pas admis davantage de m'allier à qui aurait agi ainsi. La preuve ? Va à Pythô tout d'abord, et demande si je t'ai rapporté exactement l'oracle[44]. Après quoi, si tu peux prouver que j'aie comploté avec le devin, fais-moi mettre à mort : ce n'est pas ta voix seule qui me condamnera, ce sont nos deux voix, la mienne et la tienne. Mais ne va pas, sur un simple soupçon, m'incriminer sans m'avoir entendu. Il n'est pas équitable de prendre à la légère les méchants pour les bons, les bons

---

44. Créon, en défiant Œdipe de se rendre à Pythô pour vérifier la teneur de l'oracle, reproduit peut-être un schéma du *Laïos*, dans lequel le roi a dû vouloir aller consulter l'oracle, suite à une prophétie de Tirésias lui révélant que le fils qu'il croyait mort était vivant. Mais la dramaturgie ne peut être que solidaire du mythe : Œdipe, l'arrivant, ne saurait partir.

     Φίλον γὰρ ἐσθλὸν ἐκβαλεῖν ἴσον λέγω
     καὶ τὸν παρ' αὑτῷ βίοτον, ὃν πλεῖστον φιλεῖ.
     Ἀλλ' ἐν χρόνῳ γνώσῃ τάδ' ἀσφαλῶς, ἐπεὶ
     χρόνος δίκαιον ἄνδρα δείκνυσιν μόνος·
     κακὸν δὲ κἂν ἐν ἡμέρᾳ γνοίης μιᾷ.   615

ΧΟ. Καλῶς ἔλεξεν εὐλαβουμένῳ πεσεῖν,
     ἄναξ· φρονεῖν γὰρ οἱ ταχεῖς οὐκ ἀσφαλεῖς.

ΟΙ. Ὅταν ταχύς τις οὑπιβουλεύων λάθρᾳ
     χωρῇ, ταχὺν δεῖ κἀμὲ βουλεύειν πάλιν.
     Εἰ δ' ἡσυχάζων προσμενῶ, τὰ τοῦδε μὲν   620
     πεπραγμέν' ἔσται, τἀμὰ δ' ἡμαρτημένα.

ΚΡ. Τί δῆτα χρῄζεις; ἦ με γῆς ἔξω βαλεῖν;

ΟΙ. Ἥκιστα· θνῄσκειν, οὐ φυγεῖν σε βούλομαι.

ΚΡ. Ὅταν προδείξῃς ⟨γ'⟩ οἷόν ἐστι τὸ φθονεῖν.

ΟΙ. Ὡς οὐχ ὑπείξων οὐδὲ πιστεύσων λέγεις;   625

ΚΡ. Οὐ γὰρ φρονοῦντά σ' εὖ βλέπω.

ΟΙ.   Τὸ γοῦν ἐμόν.

ΚΡ. Ἀλλ' ἐξ ἴσου δεῖ κἀμόν.

ΟΙ.   Ἀλλ' ἔφυς κακός.

ΚΡ. Εἰ δὲ ξυνιῆς μηδέν;

ΟΙ.   Ἀρκτέον γ' ὅμως.

ΚΡ. Οὔτοι κακῶς γ' ἄρχοντος.

ΟΙ.   Ὦ πόλις, πόλις.

ΚΡ. Κἀμοὶ πόλεως μέτεστιν, οὐχὶ σοὶ μόνῳ.   630

ΧΟ. Παύσασθ', ἄνακτες· καιρίαν δ' ὑμῖν ὁρῶ
     τήνδ' ἐκ δόμων στείχουσαν Ἰοκάστην, μεθ' ἧς
     τὸ νῦν παρεστὼς νεῖκος εὖ θέσθαι χρεών.

---

45. Œdipe s'exclame en fait « *polis, polis* », dernière réplique de cette hémistichomythie, qui témoigne du partage de la légitimité étatique et de l'équilibre dans la tension auquel est parvenu cet *agôn*.

pour les méchants. Rejeter un ami loyal, c'est en fait se priver d'une part de sa propre vie, autant dire de ce qu'on chérit plus que tout. Mais cela, il faut du temps pour l'apprendre de façon sûre. Le temps seul est capable de montrer l'honnête homme, tandis qu'il suffit d'un jour pour dévoiler un félon.

LE CHŒUR. – Qui prétend se garder d'erreur trouvera qu'il a bien parlé. Trop vite décider n'est pas sans risque, roi.

ŒDIPE. – Quand un traître, dans l'ombre, se hâte vers moi, je dois me hâter, moi aussi, de prendre un parti. Que je reste là sans agir, voilà son coup au but et le mien manqué.

CRÉON. – Que souhaites-tu donc ? M'exiler du pays ?

ŒDIPE. – Nullement : c'est ta mort que je veux, ce n'est pas ton exil.

CRÉON. – Mais montre-moi d'abord la raison de ta haine.

ŒDIPE. – Tu prétends donc être rebelle ? Tu te refuses à obéir ?

CRÉON. – Oui, quand je te vois hors de sens.

ŒDIPE. – J'ai le sens de mon intérêt.

CRÉON. – L'as-tu du mien aussi ?

ŒDIPE. – Tu n'es, toi, qu'un félon.

CRÉON. – Et si tu ne comprends rien ?

ŒDIPE. – N'importe ! obéis à ton roi.

CRÉON. – Pas à un mauvais roi.

ŒDIPE. – Thèbes ! Thèbes[45] !

CRÉON. – Thèbes est à moi autant qu'à toi.

LE CHŒUR. – Ô princes, arrêtez !... Mais je vois Jocaste sortir justement du palais[46]. Il faut qu'elle vous aide à régler la querelle qui vous a mis aux prises.

---

46. L'apparition de Jocaste, à point nommé *(kairian)*, rendue possible par l'introduction d'un troisième acteur dans les pièces de Sophocle, crée le surnombre, et amène une courte scène dialoguée triangulaire.

ΙΟΚΑΣΤΗ

    Τί τὴν ἄβουλον, ὦ ταλαίπωροι, στάσιν

    γλώσσης ἐπήρασθ', οὐδ' ἐπαισχῦνεσθε γῆς   635

    οὕτω νοσούσης ἴδια κῑνοῦντες κακά ;

    Οὐκ εἶ σύ τ' οἴκους σύ τε, Κρέων, κατὰ στέγας,

    καὶ μὴ τὸ μηδὲν ἄλγος εἰς μέγ' οἴσετε ;

ΚΡ.   Ὅμαιμε, δεινά μ' Οἰδίπους, ὁ σὸς πόσις,

    δρᾶσαι δικαιοῖ, δυοῖν ἀποκρῑνᾱς κακοῖν,   640

    ἢ γῆς ἀπῶσαι πατρίδος ἢ κτεῖναι λαβών.

ΟΙ.   Ξύμφημι· δρῶντα γάρ νιν, ὦ γύναι, κακῶς

    εἴληφα τοὐμὸν σῶμα σὺν τέχνῃ κακῇ.

ΚΡ.   Μὴ νῦν ὀναίμην, ἀλλ' ἀραῖος, εἴ σέ τι

    δέδρακ', ὀλοίμην, ὧν ἐπαιτιᾷ με δρᾶν.   645

ΙΟ,   Ὦ πρὸς θεῶν πίστευσον, Οἰδίπους, τάδε,

    μάλιστα μὲν τόνδ' ὅρκον αἰδεσθεὶς θεῶν,

    ἔπειτα κἀμὲ τούσδε θ' οἳ πάρεισί σοι.

ΧΟ.   Πιθοῦ θελήσᾱς φρονήσᾱς τ', ἄναξ, λίσσομαι.   Str.

ΟΙ.   Τί σοι θέλεις δῆτ' εἰκάθω ;   651

ΧΟ.   Τὸν οὔτε πρὶν νήπιον νῦν τ' ἐν ὅρ-

    κῳ μέγαν καταίδεσαι.

ΟΙ.   Οἶσθ' οὖν ἃ χρῄζεις ;

ΧΟ.   Οἶδα.

ΟΙ.   Φράζε δὴ τί φῄς.   655

ΧΟ.   Τὸν ἐναγῆ φίλον μήποτ' ἐν αἰτίᾳ

    σὺν ἀφανεῖ λόγῳ ⟨σ'⟩ ἄτῑμον βαλεῖν.

ΟΙ.   Εὖ νυν ἐπίστω, ταῦθ' ὅταν ζητῇς, ἐμοὶ

    ζητῶν ὄλεθρον ἢ φυγεῖν ἐκ τῆσδε γῆς.

47. Passage dialogué semi-lyrique, où le chant du Chœur domine, avec des iambes et des dochmies. Aux répliques d'Œdipe dans la strophe correspondent celles de Jocaste dans l'antistrophe.

Jocaste apparaît au seuil du palais.

JOCASTE. – Malheureux ! qu'avez-vous à soulever ici une absurde guerre de mots ? N'avez-vous pas de honte, lorsque votre pays souffre ce qu'il souffre, de remuer ici vos rancunes privées ? *(À Œdipe.)* Allons, rentre au palais. Et toi chez toi, Créon. Ne faites pas d'un rien une immense douleur.

CRÉON. – C'est ton époux, ma sœur, c'est Œdipe, qui prétend me traiter d'une étrange façon et décider lui-même s'il me chassera de Thèbes ou m'arrêtera pour me mettre à mort.

ŒDIPE. – Parfaitement ! Ne l'ai-je pas surpris en train de monter criminellement contre ma personne une intrigue criminelle ?

CRÉON. – Que toute chance m'abandonne et que je meure à l'instant même sous ma propre imprécation, si j'ai jamais fait contre toi rien de ce dont tu m'accuses !

JOCASTE. – Au nom des dieux, Œdipe, sur ce point-là, crois-le. Respecte sa parole – les dieux en sont garants – respecte-moi aussi, et tous ceux qui sont là.

COMMOS

LE CHŒUR. – (Strophe 1)[47] *Cède à sa prière, montre bon vouloir, reprends ton sang-froid, je t'en prie, seigneur !*

ŒDIPE. – Alors que dois-je t'accorder ?

LE CHŒUR. – *Respecte ici un homme qui jamais ne fut fou, et qu'aujourd'hui son serment rend sacré.*

ŒDIPE. – Mais sais-tu bien ce que tu souhaites ?

LE CHŒUR. – Je le sais.

ŒDIPE. – Eh bien ! dis ce que tu veux dire.

LE CHŒUR. – *C'est ton parent ; un serment le protège : ne lui fais pas l'affront de l'accuser sur un simple soupçon.*

ŒDIPE. – Voilà donc ce que tu demandes ! En ce cas, sache-le bien, tu veux ma mort, ou mon exil.

ΧΟ. Οὐ τὸν πάντων θεῶν θεὸν πρόμον   660
"Ἅλιον· ἐπεὶ ἄθεός ἄφιλος ὅ τι πύματον
ὀλοίμᾶν, φρόνησιν εἰ τάνδ' ἔχω.

'Ἀλλά μοι δυσμόρῳ γᾶ φθίνουσα τρῦχει   665
ψῦχᾶν, τάδ' εἰ κακοῖς κακὰ
προσάψει τοῖς πάλαι τὰ πρὸς σφῷν.

ΟΙ. 'Ὁ δ' οὖν ἴτω, κεἰ χρή με παντελῶς θανεῖν
ἢ γῆς ἄτῖμον τῆσδ' ἀπωσθῆναι βίᾳ·   670
τὸ γὰρ σόν, οὐ τὸ τοῦδ', ἐποικτῖρω στόμα
ἐλεινόν· οὗτος δ' ἔνθ' ἂν ᾖ στυγήσεται.

ΚΡ. Στυγνὸς μὲν εἴκων δῆλος εἶ, βαρὺς δ', ὅταν
θῦμοῦ περάσῃς· αἱ δὲ τοιαῦται φύσεις
αὐταῖς δικαίως εἰσὶν ἄλγισται φέρειν.   675

ΟΙ. Οὔκουν μ' ἐάσεις κἀκτὸς εἶ;

ΚΡ.   Πορεύσομαι,
σοῦ μὲν τυχὼν ἀγνῶτος, ἐν δὲ τοῖσδ' ἴσος.

ΧΟ. Γύναι, τί μέλλεις κομίζειν δόμων τόνδ' ἔσω;   Ant.
ΙΟ. Μαθοῦσά γ' ἥτις ἡ τύχη.   680
ΧΟ. Δόκησις ἀγνὼς λόγων ἦλθε, δά-
πτει δὲ καὶ τὸ μὴ 'νδικον.
ΙΟ. 'Ἀμφοῖν ἀπ' αὐτοῖν;
ΧΟ.   Ναίχι.
ΙΟ.   Καὶ τίς ἦν λόγος;
ΧΟ. "Ἅλις ἔμοιγ' ἅλις, γᾶς προπονουμένᾶς,   685
φαίνεται ἔνθ' ἔληξεν, αὐτοῦ μένειν.
ΟΙ. 'Ὁρᾷς ἵν' ἥκεις, ἀγαθὸς ὢν γνώμην ἀνήρ,
τοὐμὸν παρῖεὶς καὶ καταμβλύνων κέαρ;

---

48. Après la strophe, dont la fonction dramatique est d'émouvoir
Œdipe, par un chant de lamentation et de prière, en faveur de Créon,
un dialogue prend place avant l'antistrophe. Le départ de Créon laisse

Le Chœur. – *Non, j'en prends à témoin le dieu qui prime tous les dieux, j'en prends à témoin le Soleil, que je périsse ici dans les derniers supplices, abandonné des dieux, abandonné des miens, si j'ai telle pensée !*

Mais ce pays qui meurt désole mon âme, si je dois voir maintenant s'ajouter aux maux d'hier des maux qui viennent de vous deux. (fin de la strophe)

Œdipe. – Eh bien soit ! qu'il parte[48] ! dussé-je périr à coup sûr, ou me voir expulsé par force et ignominieusement de Thèbes. C'est ton langage qui me touche ; il m'apitoie, et non le sien. Où qu'il soit, il sera, lui, l'objet de ma haine.

Créon. – Tu cèdes la rage au cœur, on le voit, pour être ensuite tout confus, quand ton courroux sera tombé. Des caractères comme le tien sont surtout pénibles à eux-mêmes, et c'est bien justice.

Œdipe. – Vas-tu donc me laisser en paix et t'en aller !

Créon. – Je m'en vais, tu m'auras méconnu ; mais pour eux je reste l'homme que j'étais.

Créon s'en va.

Le Chœur. (Antistrophe) – *Que tardes-tu, femme, à l'emmener chez lui ?*

Jocaste. – Je veux savoir d'abord ce qui est arrivé.

Le Chœur. – *Une idée qu'on s'est faite sur des mots mal compris. Mais on se pique aussi d'un injuste reproche.*

Jocaste. – Tous deux sont responsables, alors ?

Le Chœur. – Oui.

Jocaste. – Mais quel était donc le propos ?

Le Chœur. – *C'est assez, bien assez, quand Thèbes souffre déjà tant, d'en rester où finit l'affaire.*

Œdipe. – Tu vois à quoi tu aboutis, malgré ta bonne intention, en faisant ainsi fléchir et en émoussant mon courroux ?

les deux acteurs, Œdipe et Jocaste, l'un en face de l'autre pour la seconde partie de l'épisode.

ΧΟ.   Ὦναξ, εἶπον μὲν οὐχ ἅπαξ μόνον,
     ἴσθι δὲ παραφρόνιμον ἄπορον ἐπὶ φρόνιμα   690
     πεφάνθαι μ' ἄν, εἴ σε νοσφίζομαι,

     ὅς γ' ἐμὰν γᾶν φίλαν ἐν πόνοις ἁλοῦσαν
     ⟨- -⟩ κατ' ὀρθὸν οὔρισας·   695
     τανῦν δ' εὔπομπος, εἰ δύνᾳ, γενοῦ.

ΙΟ.   Πρὸς θεῶν δίδαξον κἄμ', ἄναξ, ὅτου ποτὲ
     μῆνιν τοσήνδε πράγματος στήσας ἔχεις.

ΟΙ.   Ἐρῶ — σὲ γὰρ τῶνδ' ἐς πλέον, γύναι, σέβω —   700
     Κρέοντος, οἷά μοι βεβουλευκὼς ἔχει.

ΙΟ.   Λέγ', εἰ σαφῶς τὸ νεῖκος ἐγκαλῶν ἐρεῖς.

ΟΙ.   Φονέα μέ φησι Λαΐου καθεστάναι.

ΙΟ.   Αὐτὸς ξυνειδὼς ἢ μαθὼν ἄλλου πάρα;

ΟΙ.   Μάντιν μὲν οὖν κακοῦργον εἰσπέμψας, ἐπεὶ   705
     τό γ' εἰς ἑαυτὸν πᾶν ἐλευθεροῖ στόμα.

ΙΟ.   Σύ νῦν ἀφεὶς σεαυτὸν ὧν λέγεις πέρι
     ἐμοῦ 'πάκουσον καὶ μάθ' οὕνεκ' ἐστί σοι
     βρότειον οὐδὲν μαντικῆς ἔχον τέχνης·
     φανῶ δέ σοι σημεῖα τῶνδε σύντομα·   710
     χρησμὸς γὰρ ἦλθε Λαΐῳ ποτ', οὐκ ἐρῶ
     Φοίβου γ' ἀπ' αὐτοῦ, τῶν δ' ὑπηρετῶν ἄπο,
     ὡς αὐτὸν ἥξοι μοῖρα πρὸς παιδὸς θανεῖν
     ὅστις γένοιτ' ἐμοῦ τε κἀκείνου πάρα.
     Καὶ τὸν μέν, ὥσπερ γ' ἡ φάτις, ξένοι ποτὲ   715
     λησταὶ φονεύουσ' ἐν τριπλαῖς ἁμαξιτοῖς·
     παιδὸς δὲ βλάστας οὐ διέσχον ἡμέραι
     τρεῖς, καί νιν ἄρθρα κεῖνος ἐνζεύξας ποδοῖν
     ἔρριψεν ἄλλων χερσὶν εἰς ἄβατον ὄρος.
     Κἄνταῦθ' Ἀπόλλων οὔτ' ἐκεῖνον ἤνυσεν   720
     φονέα γενέσθαι πατρός, οὔτε Λάϊον,
     τὸ δεινὸν οὑφοβεῖτο, πρὸς παιδὸς θανεῖν.

Le Chœur. – *Ô roi, je te l'ai dit plus d'une fois déjà, je me montrerais, sache-le, insensé, privé de raison, si je me détachais de toi.*

C'est toi qui, quand ma cité était en proie aux traverses, as su la remettre dans le sens du vent : aujourd'hui encore, si tu peux, pour elle sois un bon pilote. (Fin de l'antistrophe.)

Jocaste. – Au nom des dieux, dis-moi, seigneur, ce qui a bien pu, chez toi, soulever pareille colère.

Œdipe. – Oui, je te le dirai. Je te respecte, toi, plus que tous ceux-là. C'est Créon, c'est le complot qu'il avait formé contre moi.

Jocaste. – Parle, que je voie si tu peux exactement dénoncer l'objet de cette querelle.

Œdipe. – Il prétend que c'est moi qui ai tué Laïos.

Jocaste. – Le sait-il par lui-même ? ou le tient-il d'un autre ?

Œdipe. – Il nous a dépêché un devin – un coquin. Pour lui, il garde sa langue toujours libre d'impudence.

Jocaste. – Va, absous-toi toi-même du crime dont tu parles, et écoute-moi. Tu verras que jamais créature humaine ne posséda rien de l'art de prédire. Et je vais t'en donner la preuve en peu de mots. Un oracle arriva jadis à Laïos, non d'Apollon lui-même, mais de ses serviteurs. Le sort qu'il avait à attendre était de périr sous le bras d'un fils qui naîtrait de lui et de moi. Or Laïos, dit la rumeur publique, ce sont des brigands qui l'ont abattu, au croisement de deux chemins[49], et d'autre part, l'enfant une fois né, trois jours ne s'étaient pas écoulés, que déjà Laïos, lui liant les talons[50], l'avait fait jeter sur un mont désert. Là aussi, Apollon ne put faire ni que le fils tuât son père, ni que Laïos, comme il le redoutait, pérît par la main de son fils. C'était bien pourtant le des-

49. Littéralement, « à l'embranchement des trois chemins », « là où la route fait une fourche » (cf. v. 730 et 800-801).
50. Le mot grec est bien celui de « pieds ».

Τοιαῦτα φῆμαι μαντικαὶ διώρισαν,
ὧν ἐντρέπου σὺ μηδέν· ὧν γὰρ ἂν θεὸς
χρείαν ἐρευνᾷ, ῥᾳδίως αὐτὸς φανεῖ.　　　　725

ΟΙ. Οἷόν μ᾽ ἀκούσαντ᾽ ἀρτίως ἔχει, γύναι,
ψυχῆς πλάνημα κἀνακίνησις φρενῶν.

ΙΟ. Ποίας μερίμνης τοῦθ᾽ ὑποστραφεὶς λέγεις ;

ΟΙ. Ἔδοξ᾽ ἀκοῦσαι σοῦ τόδ᾽, ὡς ὁ Λάϊος
κατασφαγείη πρὸς τριπλαῖς ἁμαξιτοῖς.　　　730

ΙΟ. Ηὐδᾶτο γὰρ ταῦτ᾽ οὐδέ πω λήξαντ᾽ ἔχει.

ΟΙ. Καὶ ποῦ ᾽σθ᾽ ὁ χῶρος οὗτος, οὗ τόδ᾽ ἦν πάθος ;

ΙΟ. Φωκὶς μὲν ἡ γῆ κλῄζεται, σχιστὴ δ᾽ ὁδὸς
ἐς ταὐτὸ Δελφῶν κἀπὸ Δαυλίας ἄγει.

ΟΙ. Καὶ τίς χρόνος τοῖσδ᾽ ἐστὶν οὑξεληλυθώς ;　　　735

ΙΟ. Σχεδόν τι πρόσθεν ἢ σὺ τῆσδ᾽ ἔχων χθονὸς
ἀρχὴν ἐφαίνου, τοῦτ᾽ ἐκηρύχθη πόλει.

ΟΙ. Ὦ Ζεῦ, τί μου δρᾶσαι βεβούλευσαι πέρι ;

ΙΟ. Τί δ᾽ ἐστί σοι τοῦτ᾽, Οἰδίπους, ἐνθύμιον ;

ΟΙ. Μήπω μ᾽ ἐρώτα· τὸν δὲ Λάϊον φύσιν　　　740
τίν᾽ εἶχε φράζε, τίνα δ᾽ ἀκμὴν ἥβης ἔχων.

ΙΟ. Μέγας, χνοάζων ἄρτι λευκανθὲς κάρα,
μορφῆς δὲ τῆς σῆς οὐκ ἀπεστάτει πολύ.

ΟΙ. Οἴμοι τάλας· ἔοικ᾽ ἐμαυτὸν εἰς ἀρὰς
δεινὰς προβάλλων ἀρτίως οὐκ εἰδέναι.　　　745

ΙΟ. Πῶς φῄς ; ὀκνῶ τοι πρὸς σ᾽ ἀποσκοποῦσ᾽, ἄναξ.

ΟΙ. Δεινῶς ἀθυμῶ μὴ βλέπων ὁ μάντις ᾖ.
Δείξεις δὲ μᾶλλον, ἢν ἓν ἐξείπῃς ἔτι.

tin que des voix prophétiques nous avaient signifié ! De ces voix-là ne tiens donc aucun compte. Les choses dont un dieu poursuit l'achèvement, il saura bien les révéler lui-même.

ŒDIPE. – Ah ! comme à t'entendre, je sens soudain, ô femme, mon âme qui s'égare, ma raison qui chancelle !

JOCASTE. – Quelle inquiétude te fait soudainement regarder en arrière ?

ŒDIPE. – Tu as bien dit ceci : Laïos aurait été tué au croisement de deux chemins ?

JOCASTE. – On l'a dit alors, on le dit toujours.

ŒDIPE. – Et en quel pays se place l'endroit où Laïos aurait subi ce sort ?

JOCASTE. – Le pays est la Phocide ; le carrefour est celui où se joignent les deux chemins qui viennent de Delphes et de Daulia.

ŒDIPE. – Et combien de temps se serait-il passé depuis l'événement ?

JOCASTE. – C'est un peu avant le jour où fut reconnu ton pouvoir sur Thèbes que la nouvelle en fut apportée ici.

ŒDIPE. – Ah ! que songes-tu donc, Zeus, à faire de moi ?

JOCASTE. – Quel est le souci qui te tient, Œdipe ?

ŒDIPE. – Attends encore un peu pour m'interroger. Et Laïos, quelle était son allure ? quel âge portait-il ?

JOCASTE. – Il était grand. Les cheveux sur son front commençaient à blanchir. Son aspect n'était pas très éloigné du tien.

ŒDIPE. – Malheureux ! je crains bien d'avoir, sans m'en douter, lancé contre moi-même tout à l'heure d'étranges malédictions.

JOCASTE. – Que dis-tu, seigneur ? Je tremble à te regarder.

ŒDIPE. – Je perds terriblement courage à l'idée que le devin ne voie trop clair. Tu achèveras de me le prouver d'un seul mot encore.

ΙΟ. Καὶ μὴν ὀκνῶ μέν, ἃ δ' ἂν ἔρῃ μαθοῦσ' ἐρῶ.

ΟΙ. Πότερον ἐχώρει βαιός, ἢ πολλοὺς ἔχων   750
    ἄνδρας λοχίτᾱς, οῖ' ἀνὴρ ἀρχηγέτης;

ΙΟ. Πέντ' ἦσαν οἱ ξύμπαντες, ἐν δ' αὐτοῖσιν ἦν
    κῆρυξ· ἀπήνη δ' ἦγε Λάῐον μία.

ΟΙ. Αἰαῖ, τάδ' ἤδη διαφανῆ. Τίς ἦν ποτε
    ὁ τούσδε λέξᾱς τοὺς λόγους ὑμῖν, γύναι;   755

ΙΟ. Οἰκεύς τις, ὅσπερ ἵκετ' ἐκσωθεὶς μόνος.

ΟΙ. Ἦ κἀν δόμοισι τυγχάνει τανῦν παρών;

ΙΟ. Οὐ δῆτ'· ἀφ' οὗ γὰρ κεῖθεν ἦλθε καὶ κράτη
    σέ τ' εἶδ' ἔχοντα Λάϊόν τ' ὀλωλότα,
    ἐξικέτευσε τῆς ἐμῆς χειρὸς θιγὼν   760
    ἀγρούς σφε πέμψαι κἀπὶ ποιμνίων νομάς,
    ὡς πλεῖστον εἴη τοῦδ' ἄποπτος ἄστεως.
    Κἄπεμψ' ἐγώ νιν· ἄξιος γὰρ οῖ' ἀνὴρ
    δοῦλος φέρειν ἦν τῆσδε καὶ μείζω χάριν.

ΟΙ. Πῶς ἂν μόλοι δῆθ' ἡμῖν ἐν τάχει πάλιν;   765

ΙΟ. Πάρεστιν. Ἀλλὰ πρὸς τί τοῦτ' ἐφίεσαι;

ΟΙ. Δέδοικ' ἐμαυτόν, ὦ γύναι, μὴ πόλλ' ἄγαν
    εἰρημέν' ᾖ μοι, δι' ἃ νιν εἰσιδεῖν θέλω.

ΙΟ. Ἀλλ' ἵξεται μέν· ἀξίᾱ δέ που μαθεῖν
    κἀγὼ τά γ' ἐν σοὶ δυσφόρως ἔχοντ', ἄναξ.   770

ΟΙ. Κοὐ μὴ στερηθῇς γ' ἐς τοσοῦτον ἐλπίδων
    ἐμοῦ βεβῶτος· τῷ γὰρ ἂν καὶ μείζονι
    λέξαιμ' ἂν ἢ σοὶ διὰ τύχης τοιᾶσδ' ἰών;
    Ἐμοὶ πατὴρ μὲν Πόλυβος ἦν Κορίνθιος,
    μήτηρ δὲ Μερόπη Δωρίς. Ἡγόμην δ' ἀνὴρ   775
    ἀστῶν μέγιστος τῶν ἐκεῖ, πρίν μοι τύχη
    τοιάδ' ἐπέστη, θαυμάσαι μὲν ἀξίᾱ,
    σπουδῆς γε μέντοι τῆς ἐμῆς οὐκ ἀξίᾱ.
    Ἀνὴρ γὰρ ἐν δείπνοις μ' ὑπερπλησθεὶς μέθῃ
    καλεῖ παρ' οἴνῳ πλαστὸς ὡς εἴην πατρί.   780

JOCASTE. – Certes j'ai peur aussi ; mais apprends-moi ce que tu veux savoir et je te répondrai.

ŒDIPE. – Laïos allait-il en modeste équipage ? ou entouré de gardes en nombre, ainsi qu'il convient à un souverain ?

JOCASTE. – Ils étaient cinq en tout, dont un héraut. Un chariot portait Laïos.

ŒDIPE. – Ah ! cette fois tout est clair !... Mais qui vous a fait le récit, ô femme ?

JOCASTE. – Un serviteur, le seul survivant du voyage.

ŒDIPE. – Est-il dans le palais, à l'heure où nous sommes ?

JOCASTE. – Non, sitôt de retour, te trouvant sur le trône et voyant Laïos mort, le voilà qui me prend la main, me supplie de le renvoyer à ses champs, à la garde de ses bêtes. Il voulait être désormais le plus loin possible de Thèbes. Je le laissai partir. Ce n'était qu'un esclave, mais qui méritait bien cela, et mieux encore.

ŒDIPE. – Pourrait-on le faire revenir au plus vite ?

JOCASTE. – On le peut. Mais pourquoi désires-tu si ardemment sa présence ?

ŒDIPE. – Je crains pour moi, ô femme, je crains d'avoir trop parlé. Et c'est pourquoi je veux le voir.

JOCASTE. – Il viendra. Mais moi aussi, ne mérité-je pas d'apprendre ce qui te tourmente, seigneur ?

ŒDIPE. – Je ne saurais te dire non : mon anxiété est trop grande. Quel confident plus précieux pourrais-je donc avoir que toi, au milieu d'une telle épreuve ? Mon père est Polybe – Polybe de Corinthe. Mérope, ma mère, est une Dorienne. J'avais le premier rang là-bas, parmi les citoyens, lorsque survint un incident, qui méritait ma surprise sans doute, mais ne méritait pas qu'on le prît à cœur comme je le pris. Pendant le repas, au moment du vin, dans l'ivresse, un homme m'appelle « enfant sup-

Κᾱγὼ βαρυνθεὶς τὴν μὲν οὖσαν ἡμέρᾱν
μόλις κατέσχον, θᾱτέρᾳ δ' ἰὼν πέλας
μητρὸς πατρός τ' ἤλεγχον· οἱ δὲ δυσφόρως
τοὔνειδος ἦγον τῷ μεθέντι τὸν λόγον.
Κᾱγὼ τὰ μὲν κείνοιν ἐτερπόμην, ὅμως δ'   785
ἔκνιζέ μ' αἰεὶ τοῦθ'· ὑφεῖρπε γὰρ πολύ.
Λάθρᾳ δὲ μητρὸς καὶ πατρὸς πορεύομαι
Πῡθώδε, καί μ' ὁ Φοῖβος ὧν μὲν ἱκόμην
ἄτῑμον ἐξέπεμψεν, ἄλλα δ' ἀθλίῳ
καὶ δεινὰ καὶ δύστηνα προὐφάνη λέγων,   790
ὡς μητρὶ μὲν χρείη με μιχθῆναι, γένος δ'
ἄτλητον ἀνθρώποισι δηλώσοιμ' ὁρᾶν,
φονεὺς δ' ἐσοίμην τοῦ φυτεύσαντος πατρός.
Κᾱγὼ 'πακούσᾱς ταῦτα τὴν Κορινθίᾱν
ἄστροις τὸ λοιπὸν ἐκμετρούμενος χθόνα   795
ἔφευγον, ἔνθα μήποτ' ὀψοίμην κακῶν
χρησμῶν ὀνείδη τῶν ἐμῶν τελούμενα.
Στείχων δ' ἱκνοῦμαι τούσδε τοὺς χώρους ἐν οἷς
σὺ τὸν τύραννον τοῦτον ὄλλυσθαι λέγεις.
Καί σοι, γύναι, τᾱληθὲς ἐξερῶ. Τριπλῆς   800
ὅτ' ἦ κελεύθου τῆσδ' ὁδοιπορῶν πέλας,
ἐνταῦθά μοι κῆρύξ τε κᾱπὶ πωλικῆς
ἀνὴρ ἀπήνης ἐμβεβώς, οἷον σὺ φῇς,
ξυνηντίαζον· κᾱξ ὁδοῦ μ' ὅ θ' ἡγεμὼν
αὐτός θ' ὁ πρέσβυς πρὸς βίᾱν ἠλαυνέτην.   805
Κᾱγὼ τὸν ἐκτρέποντα, τὸν τροχηλάτην,
παίω δι' ὀργῆς· καί μ' ὁ πρέσβυς ὡς ὁρᾷ
ὄχον παραστείχοντα, τηρήσᾱς μέσον
κάρᾱ διπλοῖς κέντροισί μου καθῑκετο.
Οὐ μὴν ἴσην γ' ἔτεισεν, ἀλλὰ συντόμως   810
σκήπτρῳ τυπεὶς ἐκ τῆσδε χειρὸς ὕπτιος
μέσης ἀπήνης εὐθὺς ἐκκυλίνδεται·

posé ». Le mot me fit mal ; j'eus peine ce jour-là à me contenir, et dès le lendemain j'allai questionner mon père et ma mère. Ils se montrèrent indignés contre l'auteur de ce propos ; mais, si leur attitude en cela me satisfit, le mot n'en cessait pas moins de me poindre et faisait son chemin peu à peu dans mon cœur. Alors, sans prévenir mon père ni ma mère, je pars pour Pythô ; et là Phœbos me renvoie sans même avoir daigné répondre à ce pour quoi j'étais venu, mais non sans avoir en revanche prédit à l'infortuné que j'étais le plus horrible, le plus lamentable destin : j'entrerais au lit de ma mère, je ferais voir au monde une race monstrueuse[51], je serais l'assassin du père dont j'étais né ! Si bien qu'après l'avoir entendu, à jamais, sans plus de façons, je laisse là Corinthe et son territoire, je m'enfuis vers des lieux où je ne pusse voir se réaliser les ignominies que me prédisait l'effroyable oracle. Et voici qu'en marchant j'arrive à l'endroit même où tu prétends que ce prince aurait péri… Eh bien ! à toi, femme, je dirai la vérité tout entière. Au moment où, suivant ma route, je m'approchais du croisement des deux chemins[52], un héraut, puis, sur un chariot attelé de pouliches, un homme tout pareil à celui que tu me décris, venaient à ma rencontre. Le guide, ainsi que le vieillard lui-même, cherche à me repousser de force. Pris de colère[53], je frappe, moi, celui qui me prétend écarter de ma route, le conducteur. Mais le vieux me voit, il épie l'instant où je passe près de lui et de son chariot il m'assène en pleine tête un coup de son double fouet. Il paya cher ce geste-là ! En un moment, atteint par le bâton que brandit cette main, il tombe à la renverse et du milieu du chariot il s'en va

51. Littéralement : « Je montrerais aux hommes une race insoutenable à voir. »
52. Le vers 800 manque dans les manuscrits L et P. Le copiste de A, d'après A. Turyn, l'a réintroduit dans la marge de L.
53. La colère semble donc un trait du caractère d'Œdipe, comme vient de le montrer son dialogue avec Créon (cf. v. 699).

κτείνω δὲ τοὺς ξύμπαντας. Εἰ δὲ τῷ ξένῳ
τούτῳ προσήκει Λαΐῳ τι συγγενές,
τίς τοῦδέ γ' ἀνδρὸς νῦν ἔτ' ἀθλιώτερος ;   815
τίς ἐχθροδαίμων μᾶλλον ἂν γένοιτ' ἀνήρ ;
ᾧ μὴ ξένων ἔξεστι μηδ' ἀστῶν τινα
δόμοις δέχεσθαι, μηδὲ προσφωνεῖν τινα,
ὠθεῖν δ' ἀπ' οἴκων. Καὶ τάδ' οὔτις ἄλλος ἦν
ἢ 'γὼ 'π' ἐμαυτῷ τάσδ' ἀρᾶς ὁ προστιθείς.   820
Λέχη δὲ τοῦ θανόντος ἐν χεροῖν ἐμαῖν
χραίνω, δι' ὧνπερ ὤλετ'. Ἆρ' ἔφῦν κακός ;
ἆρ' οὐχὶ πᾶς ἄναγνος ; εἴ με χρὴ φυγεῖν,
καί μοι φυγόντι μῆστι τοὺς ἐμοὺς ἰδεῖν
μήτ' ἐμβατεῦσαι πατρίδος, ἢ γάμοις με δεῖ   825
μητρὸς ζυγῆναι καὶ πατέρα κατακτανεῖν,
Πόλυβον, ὃς ἐξέθρεψε κἀξέφῦσέ με.
Ἆρ' οὐκ ἀπ' ὠμοῦ ταῦτα δαίμονός τις ἂν
κρίνων ἐπ' ἀνδρὶ τῷδ' ἂν ὀρθοίη λόγον ;
Μὴ δῆτα, μὴ δῆτ', ὦ θεῶν ἁγνὸν σέβας,   830
ἴδοιμι ταύτην ἡμέραν, ἀλλ' ἐκ βροτῶν
βαίην ἄφαντος πρόσθεν ἢ τοιάνδ' ἰδεῖν
κηλῖδ' ἐμαυτῷ συμφορᾶς ἀφιγμένην.

ΧΟ. Ἡμῖν μέν, ὦναξ, ταῦτ' ὀκνήρ'· ἕως δ' ἂν οὖν
πρὸς τοῦ παρόντος ἐκμάθῃς, ἔχ' ἐλπίδα.   835

ΟΙ. Καὶ μὴν τοσοῦτόν γ' ἐστί μοι τῆς ἐλπίδος,
τὸν ἄνδρα, τὸν βοτῆρα, προσμεῖναι μόνον.

ΙΟ. Πεφασμένου δὲ τίς ποθ' ἡ προθυμία ;

ΟΙ. Ἐγὼ διδάξω σ'· ἢν γὰρ εὑρεθῇ λέγων
σοὶ ταῦτ', ἔγωγ' ἂν ἐκπεφευγοίην πάθος.   840

ΙΟ. Ποῖον δέ μου περισσὸν ἤκουσας λόγον ;

---

54. Œdipe découvre toute l'horreur de son acte régicide et les conséquences des imprécations qu'il a prononcées contre le meurtrier.

rouler à terre – et je les tue tous… Si quelque lien existe entre Laïos et cet inconnu, est-il à cette heure un mortel plus à plaindre que celui que tu vois ? Est-il homme plus abhorré des dieux ? Étranger, citoyen, personne ne peut plus me recevoir chez lui, m'adresser la parole, chacun me doit écarter de son seuil. Bien plus, c'est moi-même qui me trouve aujourd'hui avoir lancé contre moi-même les imprécations que tu sais. À l'épouse du mort j'inflige une souillure, quand je la prends entre ces bras qui ont fait périr Laïos ! Ne suis-je donc pas un criminel ? Ne suis-je pas tout impureté ? puisqu'il faut que je m'exile, et qu'exilé je renonce à revoir les miens, à fouler de mon pied le sol de ma patrie ; sinon, je devrais tout ensemble entrer dans le lit de ma mère et devenir l'assassin de mon père, ce Polybe qui m'a engendré et nourri. N'est-ce donc pas un dieu cruel qui m'a réservé ce destin ? On peut le dire, et sans erreur. Ô sainte majesté des dieux, non, que jamais je ne voie ce jour-là ! Ah ! que plutôt je parte et que je disparaisse du monde des humains avant que la tache d'un pareil malheur soit venue souiller mon front[54] !

LE CHŒUR. – Tout cela, je l'avoue, m'inquiète, seigneur. Mais tant que tu n'as pas entendu le témoin, conserve bon espoir.

ŒDIPE. – Oui, mon espoir est là : attendre ici cet homme, ce berger – rien de plus.

JOCASTE. – Mais pourquoi un tel désir de le voir apparaître ?

ŒDIPE. – Pourquoi ? Voici pourquoi : que nous le retrouvions disant ce que tu dis, et je suis hors de cause.

JOCASTE. – Et quels mots si frappants ai-je donc pu te dire ?

Il ne soupçonne pas que l'oracle d'Apollon, qu'il a consulté en quittant Corinthe, est déjà accompli : il ne se sait pas encore parricide.

ΟΙ. Ληστὰς ἔφασκες αὐτὸν ἄνδρας ἐννέπειν
ὥς νιν κατακτείνειαν. Εἰ μὲν οὖν ἔτι
λέξει τὸν αὐτὸν ἀριθμόν, οὐκ ἐγὼ 'κτανον·
οὐ γὰρ γένοιτ' ἂν εἷς γε τοῖς πολλοῖς ἴσος·   845
εἰ δ' ἄνδρ' ἕν' οἰόζωνον αὐδήσει, σαφῶς
τοῦτ' ἐστὶν ἤδη τοὔργον εἰς ἐμὲ ῥέπον.

ΙΟ. 'Αλλ' ὡς φανέν γε τοὖπος ὧδ' ἐπίστασο,
κοὐκ ἔστιν αὐτῷ τοῦτό γ' ἐκβαλεῖν πάλιν·
πόλις γὰρ ἤκουσ', οὐκ ἐγὼ μόνη, τάδε.   850
Εἰ δ' οὖν τι κἀκτρέποιτο τοῦ πρόσθεν λόγου,
οὔτοι ποτ', ὦναξ, τόν γε Λαΐου φόνον
φανεῖ δικαίως ὀρθόν. ὅν γε Λοξίας
διεῖπε χρῆναι παιδὸς ἐξ ἐμοῦ θανεῖν.
Καίτοι νιν οὐ κεῖνός γ' ὁ δύστηνός ποτε   855
κατέκταν', ἀλλ' αὐτὸς πάροιθεν ὤλετο.
Ὥστ' οὐχὶ μαντείας γ' ἂν οὔτε τῇδ' ἐγὼ
βλέψαιμ' ἂν οὕνεκ' οὔτε τῇδ' ἂν ὕστερον.

ΟΙ. Καλῶς νομίζεις. 'Αλλ' ὅμως τὸν ἐργάτην
πέμψον τινὰ στελοῦντα, μηδὲ τοῦτ' ἀφῇς.   860

ΙΟ. Πέμψω ταχῦνᾶσ'· ἀλλ' ἴωμεν ἐς δόμους·
οὐδὲν γὰρ ἂν πράξαιμ' ἂν ὧν οὔ σοι φίλον.

ΧΟ. Εἴ μοι ξυνείη φέροντι μοῖρα τὰν   Str. 1.
εὔσεπτον ἁγνείαν λόγων
ἔργων τε πάντων, ὧν νόμοι πρόκεινται   865
ὑψίποδες, οὐρανίαν
δι' αἰθέρα τεκνωθέντες, ὧν Ὄλυμπος

---

55. La strophe se compose d'iambes et de mètres éoliens.
56. Littéralement : « Les lois ont les pieds dans les hauteurs » (cf.
« les pieds brisés », v. 879). Le refuge que cherche le Chœur se

ŒDIPE. – C'étaient des brigands, disais-tu, qui avaient, selon lui, tué Laïos. Qu'il répète donc ce pluriel, et ce n'est plus moi l'assassin : un homme seul ne fait pas une foule. Au contraire, s'il parle d'un homme, d'un voyageur isolé, voilà le crime qui retombe clairement sur mes épaules.

JOCASTE. – Mais non, c'est cela, sache-le, c'est cela qu'il a proclamé ; il n'a plus le moyen de le démentir : c'est la ville entière, ce n'est pas moi seule qui l'ai entendu. Et, en tout cas, même si d'aventure il déviait de son ancien propos, il ne prouverait pas pour cela, seigneur, que son récit de meurtre est cette fois le vrai, puisqu'aussi bien Laïos devait, d'après Apollon, périr sous le bras de mon fils, et qu'en fait ce n'est pas ce malheureux fils qui a pu lui donner la mort, attendu qu'il est mort lui-même le premier. De sorte que désormais, en matière de prophéties, je ne tiendrai pas plus de compte de ceci que de cela.

ŒDIPE. – Tu as raison ; mais malgré tout, envoie quelqu'un qui nous ramène ce valet. N'y manque pas.

JOCASTE. – J'envoie à l'instant même. Mais rentrons chez nous. Il n'est rien qui te plaise, que je ne sois, moi, prête à faire.

Ils rentrent dans le palais.

DEUXIÈME *STASIMON*

LE CHŒUR. (Strophe 1)[55]– *Ah ! fasse le Destin que toujours je conserve la sainte pureté dans tous mes mots, dans tous mes actes. Les lois qui leur commandent siègent*[56] *dans les hauteurs : elles sont nées dans le céleste éther, et l'Olympe*

trouve dans une pureté fondée sur la loi, elle-même issue d'un seul père, l'Olympe, par une sorte de naissance idéale.

πατὴρ μόνος, οὐδέ νιν
  θνατᾶ φύσις ἀνέρων
ἔτικτεν, οὐδὲ μήποτε λά-
  θᾶ κατακοιμάσῃ·   870
μέγας ἐν τούτοις θεός, οὐδὲ γηράσκει.

Ὕβρις φυτεύει τύραννον· ὕβρις, εἰ   Ant. 1.
  πολλῶν ὑπερπλησθῇ μάταν
ἃ μὴ ʼπίκαιρα μηδὲ συμφέροντα,   875
ἀκρότατα γεῖσ' ἀναβᾶσ'
⟨ἄφαρ⟩ ἀπότομον ὤρουσεν εἰς ἀνάγκαν,

ἔνθ' οὐ ποδὶ χρησίμῳ
  χρῆται. Τὸ καλῶς δ' ἔχον
πόλει πάλαισμα μήποτε λῦ-
  σαι θεὸν αἰτοῦμαι·   880
θεὸν οὐ λήξω ποτὲ προστάταν ἴσχων.

Εἰ δέ τις ὑπέροπτα χερ-   Str. 2.
  σὶν ἢ λόγῳ πορεύεται,
Δίκας ἀφόβητος οὐδὲ   885
  δαιμόνων ἕδη σέβων,
κακά νιν ἕλοιτο μοῖρα,
  δυσπότμου χάριν χλιδᾶς,

εἰ μὴ τὸ κέρδος κερδανεῖ δικαίως
καὶ τῶν ἀσέπτων ἔρξεται,   890
ἢ τῶν ἀθίκτων ἕξεται ματάζων.

Τίς ἔτι ποτ' ἐν τοῖσδ' ἀνὴρ θυμοῦ βέλη
εὔξεται ψυχᾶς ἀμύνειν ;
Εἰ γὰρ αἱ τοιαίδε πράξεις τίμιαι,   895
τί δεῖ με χορεύειν ;

Οὐκέτι τὸν ἄθικτον εἶ-   Ant. 2.
  μι γᾶς ἐπ' ὀμφαλὸν σέβων,
οὐδ' ἐς τὸν Ἀβαῖσι ναόν,
  οὐδὲ τὰν Ὀλυμπίαν,
εἰ μὴ τάδε χειρόδεικτα   900
  πᾶσιν ἁρμόσει βροτοῖς.

est leur seul père ; aucun être mortel ne leur donna le jour ; jamais l'oubli ne les endormira : un dieu puissant est en elle, un dieu qui ne vieillit pas.

(Antistrophe 1) *La démesure enfante le tyran*[57]. *Lorsque la démesure s'est gavée follement, sans souci de l'heure ni de son intérêt,*

et lorsqu'elle est montée au plus haut, sur le faîte, la voilà soudain[58] *qui s'abîme dans un précipice fatal,*

où dès lors ses pieds brisés se refusent à la servir. Or, c'est la lutte glorieuse pour le salut de la cité qu'au contraire je demande à Dieu de ne voir jamais s'interrompre : Dieu est ma sauvegarde et le sera toujours.

(Strophe 2)[59] *Celui en revanche qui va son chemin, étalant son orgueil dans ses gestes et ses mots, sans crainte de la Justice, sans respect des temples divins, celui-là, je le voue à un sort douloureux, qui châtie son orgueil funeste,*

du jour qu'il se révèle apte à ne rechercher que profits criminels, sans même reculer devant le sacrilège, à porter follement les mains sur ce qui est inviolable.

Est-il en pareil cas personne qui puisse se flatter d'écarter de son âme les traits de la colère ? Si ce sont de pareilles mœurs que l'on honore désormais, quel besoin ai-je vraiment de former ici des chœurs[60] *?*

(Antistrophe 2) *Non, je n'irai plus vénérer le centre auguste de la terre, je n'irai plus aux sanctuaires ni d'Abae ni d'Olympie, si tous les humains ne sont pas d'accord pour flétrir de telles pratiques.*

57. « La violence fait le roi » (J. Bollack).
58. Le texte est mutilé : « soudain » est une conjecture de P. Mazon.
59. La strophe 2 est à dominante iambique.
60. Étonnante intervention du Chœur en tant que Chœur dans l'action d'*Œdipe Roi*.

'Αλλ', ὦ κρατύνων, εἴπερ ὀρθ' ἀκούεις,
Ζεῦ, πάντ' ἀνάσσων, μὴ λάθοι
σὲ τάν τε σὰν ἀθάνατον αἰὲν ἀρχάν.   905

Φθίνοντα γὰρ ⟨τοῦ παλαιοῦ⟩ Λαΐου
θέσφατ' ἐξαιροῦσιν ἤδη,
κοὐδαμοῦ τῑμαῖς 'Απόλλων ἐμφανής·
ἔρρει δὲ τὰ θεῖα.   910

ΙΟ. Χώρᾱς ἄνακτες, δόξα μοι παρεστάθη
ναοὺς ἱκέσθαι δαιμόνων, τάδ' ἐν χεροῖν
στέφη λαβούσῃ κᾱπιθῡμιάματα.
Ὑψοῦ γὰρ αἴρει θῡμὸν Οἰδίπους ἄγᾱν
λύπαισι παντοίαισιν ; οὐδ' ὁποῖ' ἀνὴρ   915
ἔννους τὰ καινὰ τοῖς πάλαι τεκμαίρεται,
ἀλλ' ἔστι τοῦ λέγοντος, ἢν φόβους λέγῃ.
Ὅτ' οὖν παραινοῦσ' οὐδὲν ἐς πλέον ποῶ,
πρὸς σ', ὦ Λύκει' 'Απόλλον, ἄγχιστος γὰρ εἶ,
ἱκέτις ἀφῖγμαι τοῖσδε σὺν κατεύγμασιν,   920
ὅπως λύσιν τιν' ἡμῖν εὐαγῆ πόρῃς·
ὡς νῦν ὀκνοῦμεν πάντες ἐκπεπληγμένον
κεῖνον βλέποντες ὡς κυβερνήτην νεώς.

ΑΓΓΕΛΟΣ.
Ἆρ' ἂν παρ' ὑμῶν, ὦ ξένοι, μάθοιμ' ὅπου
τὰ τοῦ τυράννου δώματ' ἐστὶν Οἰδίπου ;   925
μάλιστα δ' αὐτὸν εἴπατ', εἰ κάτισθ', ὅπου.
ΧΟ. Στέγαι μὲν αἴδε, καὐτὸς ἔνδον, ὦ ξένε·
γυνὴ δὲ μήτηρ ἥδε τῶν κείνου τέκνων.

61. Les oracles eux-mêmes se consument et se flétrissent, frappés
par le mal qui détruit la vie dans les campagnes de Thèbes. La voix des
Vieillards possède encore la mémoire des oracles de jadis, même si
l'on n'y croit plus : le culte des dieux se dissout.

Ah ! Zeus souverain, puisque, si ton renom dit vrai,
tu es maître de l'Univers, ne permets pas qu'elles
échappent à tes regards, à ta puissance éternelle.

Ainsi donc on tient pour caducs et l'on prétend abo-
lir les oracles rendus à l'antique Laïos[61] *! Apollon se*
voit privé ouvertement de tout honneur. Le respect des
dieux s'en va.

TROISIÈME ÉPISODE

Jocaste sort du palais avec des servantes
portant des fleurs et des vases de parfum.

JOCASTE. – Chefs de ce pays, l'idée m'est venue d'aller dans les temples des dieux porter de mes mains ces
guirlandes, ces parfums. Œdipe laisse ses chagrins
ébranler un peu trop son cœur. Il ne sait pas juger avec
sang-froid du présent par le passé. Il appartient à qui lui
parle, lorsqu'on lui parle de malheur. Puis donc que mes
conseils n'obtiennent rien de lui, c'est vers toi que je me
tourne, ô dieu lycien, Apollon, notre voisin. Je viens à
toi en suppliante, porteuse de nos vœux. Fournis-nous
un remède[62] contre toute souillure. Nous nous inquié-
tons à voir Œdipe en désarroi, alors qu'il tient dans ses
mains la barre de notre vaisseau.

Un Vieillard arrive par la gauche.

LE CORINTHIEN. – Étrangers, pourrais-je savoir où
donc est le palais d'Œdipe, votre roi ? Ou, mieux encore, si vous savez où lui-même se trouve, dites-le moi.

LE CHŒUR. – Voici sa demeure, et tu l'y trouveras en
personne, étranger. La femme que tu vois là est la mère
de ses enfants.

---

62. Plus qu'un remède, c'est une solution, *lusis*, que demande
Jocaste, un dénouement, littéralement, au sens où Aristote emploie le
mot dans la *Poétique*. Ce dénouement sera apporté par l'arrivée du
Corinthien dans un premier temps, puis, en l'absence de Jocaste, par la
confrontation de celui-ci avec le vieux Serviteur.

ΑΓ.   'Αλλ' ὀλβία τε καὶ ξὺν ὀλβίοις ἀεὶ
      γένοιτ', ἐκείνου γ' οὖσα παντελὴς δάμαρ.   930

ΙΟ.   Αὕτως δὲ καὶ σύ γ', ὦ ξέν'· ἄξιος γὰρ εἶ
      τῆς εὐεπείας οὕνεκ'. 'Αλλὰ φράζ' ὅτου
      χρήζων ἀφῖξαι χὦ τι σημῆναι θέλων.

ΑΓ.   'Αγαθὰ δόμοις τε καὶ πόσει τῷ σῷ, γύναι.

ΙΟ.   Τὰ ποῖα ταῦτα; παρὰ τίνος δ' ἀφιγμένος;   935

ΑΓ.   'Εκ τῆς Κορίνθου. Τὸ δ' ἔπος οὐξερῶ τάχα,
      ἥδοιο μέν — πῶς δ' οὐκ ἄν; — ἀσχάλλοις δ' ἴσως.

ΙΟ.   Τί δ' ἔστι; ποίαν δύναμιν ὧδ' ἔχει διπλῆν;

ΑΓ.   Τύραννον αὐτὸν οὑπιχώριοι χθονὸς
      τῆς 'Ισθμίας στήσουσιν, ὡς ηὐδᾶτ' ἐκεῖ.   940

ΙΟ.   Τί δ'; οὐχ ὁ πρέσβυς Πόλυβος ἐγκρατὴς ἔτι;

ΑΓ.   Οὐ δῆτ', ἐπεί νιν θάνατος ἐν τάφοις ἔχει.

ΙΟ.   Πῶς εἶπας; ἢ τέθνηκε Πόλυβος;

ΑΓ.   Εἰ δὲ μὴ
      λέγω γ' ἐγὼ τἀληθές, ἀξιῶ θανεῖν.

ΙΟ.   Ὦ πρόσπολ', οὐχὶ δεσπότῃ τάδ' ὡς τάχος   945
      μολοῦσα λέξεις; Ὦ θεῶν μαντεύματα,
      ἵν' ἐστέ; Τοῦτον Οἰδίπους πάλαι τρέμων
      τὸν ἄνδρ' ἔφευγε μὴ κτάνοι, καὶ νῦν ὅδε
      πρὸς τῆς τύχης ὄλωλεν οὐδὲ τοῦδ' ὕπο.

ΟΙ.   Ὦ φίλτατον γυναικὸς 'Ιοκάστης κάρα,   950
      τί μ' ἐξεπέμψω δεῦρο τῶνδε δωμάτων;

ΙΟ.   Ἄκουε τἀνδρὸς τοῦδε, καὶ σκόπει κλύων
      τὰ σέμν' ἵν' ἥκει τοῦ θεοῦ μαντεύματα.

ΟΙ.   Οὗτος δὲ τίς ποτ' ἐστί, καὶ τί μοι λέγει;

LE CORINTHIEN. – Qu'elle soit heureuse à jamais au milieu d'enfants heureux, puisqu'elle est pour Œdipe une épouse accomplie !

JOCASTE. – Qu'il en soit de même pour toi, étranger : ta courtoisie vaut bien cela. Mais explique-moi ce pourquoi tu viens, ce dont tu dois nous informer.

LE CORINTHIEN. – C'est un bonheur, pour ta maison, ô femme, comme pour ton époux.

JOCASTE. – Que dis-tu ? Et d'abord de chez qui nous viens-tu ?

LE CORINTHIEN. – J'arrive de Corinthe. La nouvelle que je t'apporte va sans doute te ravir – le contraire serait impossible – mais peut-être aussi t'affliger.

JOCASTE. – Qu'est-ce donc ? et comment a-t-elle ce double pouvoir ?

LE CORINTHIEN. – Les gens du pays, disait-on là-bas, institueraient Œdipe roi de l'Isthme.

JOCASTE. – Quoi ! et le vieux Polybe ? n'est-il plus sur le trône ?

LE CORINTHIEN. – Non, la mort le tient au tombeau.

JOCASTE. – Que dis-tu là ? Polybe serait mort ?

LE CORINTHIEN. – Que je meure moi-même, si je ne dis pas vrai !

JOCASTE. – Esclave, rentre vite porter la nouvelle au maître. Ah ! oracles divins, où êtes-vous donc à cette heure ? Ainsi voilà un homme qu'Œdipe fuyait depuis des années, dans la terreur qu'il avait de le tuer, et cet homme aujourd'hui meurt frappé par le sort, et non pas par Œdipe !

Œdipe sort du palais.

ŒDIPE. – Ô très chère femme, Jocaste que j'aime, pourquoi m'as-tu fait chercher dans le palais ?

JOCASTE. – Écoute l'homme qui est là, et vois en l'écoutant ce que sont devenus ces oracles augustes d'un dieu.

ŒDIPE. – Cet homme, qui est-il ? et qu'a-t-il à me dire ?

ΙΟ.   Ἐκ τῆς Κορίνθου, πατέρα τὸν σὸν ἀγγελῶν   955
       ὡς οὐκέτ᾽ ὄντα Πόλυβον, ἀλλ᾽ ὀλωλότα.

ΟΙ.   Τί φῄς, ξέν᾽· αὐτός μοι σὺ σημήνας γενοῦ.

ΑΓ.   Εἰ τοῦτο πρῶτον δεῖ μ᾽ ἀπαγγεῖλαι σαφῶς,
       εὖ ἴσθ᾽ ἐκεῖνον θανάσιμον βεβηκότα.

ΟΙ.   Πότερα δόλοισιν ; ἢ νόσου ξυναλλαγῇ ;   960

ΑΓ.   Σμικρὰ παλαιὰ σώματ᾽ εὐνάζει ῥοπή.

ΟΙ.   Νόσοις ὁ τλήμων, ὡς ἔοικεν, ἔφθιτο.

ΑΓ.   Καὶ τῷ μακρῷ γε συμμετρούμενος χρόνῳ.

ΟΙ.   Φεῦ φεῦ, τί δῆτ᾽ ἄν, ὦ γύναι, σκοποῖτό τις
       τὴν Πυθόμαντιν ἑστίαν, ἢ τοὺς ἄνω   965
       κλάζοντας ὄρνῖς, ὧν ὑφηγητῶν ἐγὼ
       κτενεῖν ἔμελλον πατέρα τὸν ἐμόν ; ὁ δὲ θανὼν
       κεύθει κάτω δὴ γῆς, ἐγὼ δ᾽ ὅδ᾽ ἐνθάδε
       ἄψαυστος ἔγχους — εἴ τι μὴ τὠμῷ πόθῳ
       κατέφθιθ᾽· οὕτω δ᾽ ἂν θανὼν εἴη 'ξ ἐμοῦ.   970
       Τὰ δ᾽ οὖν παρόντα συλλαβὼν θεσπίσματα
       κεῖται παρ᾽ Ἅιδῃ Πόλυβος ἄξι᾽ οὐδενός.

ΙΟ.   Οὔκουν ἐγώ σοι ταῦτα προὔλεγον πάλαι ;

ΟΙ.   Ηὔδας· ἐγὼ δὲ τῷ φόβῳ παρηγόμην.

ΙΟ.   Μὴ νῦν ἔτ᾽ αὐτῶν μηδὲν ἐς θυμὸν βάλῃς.   975

ΟΙ.   Καὶ πῶς τὸ μητρὸς λέκτρον οὐκ ὀκνεῖν με δεῖ ;

ΙΟ.   Τί δ᾽ ἂν φοβοῖτ᾽ ἄνθρωπος, ᾧ τὰ τῆς τύχης
       κρατεῖ, πρόνοια δ᾽ ἐστὶν οὐδενὸς σαφής ;
       εἰκῇ κράτιστον ζῆν, ὅπως δύναιτό τις.
       Σὺ δ᾽ εἰς τὰ μητρὸς μὴ φοβοῦ νυμφεύματα·   980
       πολλοὶ γὰρ ἤδη κἀν ὀνείρασιν βροτῶν
       μητρὶ ξυνηυνάσθησαν· ἀλλὰ ταῦθ᾽ ὅτῳ
       παρ᾽ οὐδέν ἐστι, ῥᾷστα τὸν βίον φέρει.

63. La victoire de Jocaste est nette. Elle déchantera avant Œdipe,
le dénouement s'effectuant en deux temps. L'entrevue avec le
Corinthien suffira à lui révéler qu'Œdipe est son fils ; Œdipe devra
encore attendre l'arrivée du Serviteur.

JOCASTE. – Il vient de Corinthe et te fait savoir que Polybe n'est plus : la mort a frappé ton père.

ŒDIPE. – Que dis-tu, étranger ? Explique-toi toi-même.

LE CORINTHIEN. – S'il me faut tout d'abord te rendre un compte exact, sache bien qu'en effet Polybe a disparu.

ŒDIPE. – Victime d'un complot ou d'une maladie ?

LE CORINTHIEN. – Le moindre heurt suffit pour mettre un vieux par terre.

ŒDIPE. – Le malheureux, si je t'en crois, serait donc mort de maladie ?

LE CORINTHIEN. – Et des longues années aussi qu'il a vécues.

ŒDIPE. – Ah ! femme, qui pourrait désormais recourir à Pythô, au foyer prophétique ? ou bien à ces oiseaux criaillant sur nos têtes ? D'après eux, je devais assassiner mon père : et voici mon père mort, enseveli dans le fond d'un tombeau, avant que ma main ait touché aucun fer !… à moins qu'il ne soit mort du regret de ne plus me voir ? ce n'est qu'en ce sens qu'il serait mort par moi. – Le fait certain, c'est qu'à cette heure Polybe est dans les Enfers avec tout ce bagage d'oracles sans valeur.

JOCASTE. – N'était-ce donc pas là ce que je te disais depuis bien longtemps[63] ?

ŒDIPE. – Assurément, mais la peur m'égarait.

JOCASTE. – Alors ne te mets plus rien en tête pour eux.

ŒDIPE. – Et comment ne pas craindre la couche de ma mère ?

JOCASTE. – Et qu'aurait donc à craindre un mortel, jouet du destin, qui ne peut rien prévoir de sûr ? Vivre au hasard, comme on le peut, c'est de beaucoup le mieux encore. Ne redoute pas l'hymen d'une mère : bien des mortels ont déjà dans leurs rêves partagé le lit maternel. Celui qui attache le moins d'importance à pareilles choses est aussi celui qui supporte le plus aisément la vie.

74 ΟΙΔΙΠΟΥΣ ΤΥΡΑΝΝΟΣ

ΟΙ.   Καλῶς ἅπαντα ταῦτ' ἂν ἐξείρητό σοι,
      εἰ μὴ 'κύρει ζῶσ' ἡ τεκοῦσα· νῦν δ' ἐπεὶ   985
      ζῇ, πᾶσ' ἀνάγκη, κεἰ καλῶς λέγεις, ὀκνεῖν.
ΙΟ.   Καὶ μὴν μέγας ⟨γ'⟩ ὀφθαλμὸς οἱ πατρὸς τάφοι.
ΟΙ.   Μέγας, ξυνίημ'· ἀλλὰ τῆς ζώσης φόβος.
ΑΓ.   Ποίας δὲ καὶ γυναικὸς ἐκφοβεῖσθ' ὕπερ ;
ΟΙ.   Μερόπης, γεραιέ, Πόλυβος ἧς ᾤκει μέτα.   990
ΑΓ.   Τί δ' ἔστ' ἐκείνης ὑμὶν ἐς φόβον φέρον ;
ΟΙ.   Θεήλατον μάντευμα δεινόν, ὦ ξένε.
ΑΓ.   Ἦ ῥητόν ; ἢ οὐ⟨χὶ⟩ θεμιτὸν ἄλλον εἰδέναι ;
ΟΙ.   Μάλιστά γ'· εἶπε γάρ με Λοξίας ποτὲ
      χρῆναι μιγῆναι μητρὶ τἠμαυτοῦ, τό τε   995
      πατρῷον αἷμα χερσὶ ταῖς ἐμαῖς ἑλεῖν.
      ὮΩν οὕνεχ' ἡ Κόρινθος ἐξ ἐμοῦ πάλαι
      μακρὰν ἀπῳκεῖτ'· εὐτυχῶς μέν, ἀλλ' ὅμως
      τὰ τῶν τεκόντων ὄμμαθ' ἥδιστον βλέπειν.
ΑΓ.   Ἦ γὰρ τάδ' ὀκνῶν κεῖθεν ἦσθ' ἀπόπτολις ;   1000
ΟΙ.   Πατρός γε χρῄζων μὴ φονεὺς εἶναι, γέρον.
ΑΓ.   Τί δῆτ' ἐγὼ οὐχὶ τοῦδε τοῦ φόβου σ', ἄναξ,
      ἐπείπερ εὔνους ἦλθον, ἐξελυσάμην ;
ΟΙ.   Καὶ μὴν χάριν γ' ἂν ἀξίαν λάβοις ἐμοῦ.
ΑΓ.   Καὶ μὴν μάλιστα τοῦτ' ἀφῑκόμην, ὅπως   1005
      σοῦ πρὸς δόμους ἐλθόντος εὖ πράξαιμί τι.
ΟΙ.   Ἀλλ' οὔποτ' εἶμι τοῖς φυτεύσασίν γ' ὁμοῦ.
ΑΓ.   Ὦ παῖ, καλῶς εἶ δῆλος οὐκ εἰδὼς τί δρᾷς.
ΟΙ.   Πῶς, ὦ γεραιέ ; πρὸς θεῶν, δίδασκέ με.

ŒDIPE. – Tout cela serait fort bon, si ma mère n'était vivante. Mais tant qu'elle vit, tu auras beau parler, et bien parler, fatalement, moi, je dois craindre.

JOCASTE. – C'est un immense allégement pourtant que de savoir ton père dans la tombe.

ŒDIPE. – Immense, je le sens. Mais la vivante ne m'en fait pas moins peur.

LE CORINTHIEN. – Mais quelle est donc, dis-moi, la femme qui vous cause une telle épouvante ?

ŒDIPE. – C'est Mérope, vieillard, l'épouse de Polybe.

LE CORINTHIEN. – Et d'où provient la peur qu'elle t'inspire ?

ŒDIPE. – D'un oracle des dieux effroyable, étranger.

LE CORINTHIEN. – Peux-tu le dire ? ou bien doit-il rester secret ?

ŒDIPE. – Nullement. Loxias m'a déclaré jadis que je devais entrer dans le lit de ma mère et verser de mes mains le sang de mon père. C'est pourquoi depuis long-temps je m'étais fixé bien loin de Corinthe – pour mon bonheur, sans doute, bien qu'il soit doux de voir les yeux de ses parents.

LE CORINTHIEN. – Et c'est cette crainte seule qui te tenait loin de ta ville ?

ŒDIPE. – Je ne voulais pas être parricide, vieillard.

LE CORINTHIEN. – Pourquoi ai-je donc tardé à t'en délivrer plus tôt, roi, puisque aussi bien j'arrive ici tout disposé à t'être utile ?

ŒDIPE. – Ma foi ! tu en auras le prix que tu mérites.

LE CORINTHIEN. – Ma foi ! c'est justement pourquoi je suis venu, pour que ton retour au pays me procure quelque avantage.

ŒDIPE. – Non, ne compte pas que jamais je rejoigne mes parents.

LE CORINTHIEN. – Ah ! comme on voit, mon fils, que tu ne sais pas quelle est ton erreur !

ŒDIPE. – Que dis-tu, vieillard ? Au nom des dieux, éclaire-moi.

ΑΓ. Εἰ τῶνδε φεύγεις οὕνεκ' εἰς οἴκους μολεῖν — 1010
ΟΙ. Ταρβῶν γε μή μοι Φοῖβος ἐξέλθη σαφής.
ΑΓ. *Η μὴ μίασμα τῶν φυτευσάντων λάβης;
ΟΙ. Τοῦτ' αὐτό, πρέσβυ· τοῦτό μ' εἰσαεὶ φοβεῖ.
ΑΓ. *Αρ' οἶσθα δῆτα πρὸς δίκης οὐδὲν τρέμων;
ΟΙ. Πῶς δ' οὐχί, παῖς γ' εἰ τῶνδε γεννητῶν ἔφυν; 1015
ΑΓ. Ὁθούνεκ' ἦν σοι Πόλυβος οὐδὲν ἐν γένει.
ΟΙ. Πῶς εἶπας; οὐ γὰρ Πόλυβος ἐξέφυσέ με;
ΑΓ. Οὐ μᾶλλον οὐδὲν τοῦδε τἀνδρός, ἀλλ' ἴσον.
ΟΙ. Καὶ πῶς ὁ φύσας ἐξ ἴσου τῷ μηδενί;
ΑΓ. Ἀλλ' οὔ σ' ἐγείνατ' οὔτ' ἐκεῖνος οὔτ' ἐγώ. 1020
ΟΙ. Ἀλλ' ἀντὶ τοῦ δὴ παῖδά μ' ὠνομάζετο;
ΑΓ. Δῶρόν ποτ', ἴσθι, τῶν ἐμῶν χειρῶν λαβών.
ΟΙ. Κᾆθ' ὧδ' ἀπ' ἄλλης χειρὸς ἔστερξεν μέγα;
ΑΓ. Ἡ γὰρ πρὶν αὐτὸν ἐξέπεισ' ἀπαιδία.
ΟΙ. Σὺ δ' ἐμπολήσας, ἢ τυχών μ' αὐτῷ δίδως; 1025
ΑΓ. Εὑρὼν ναπαίαις ἐν Κιθαιρῶνος πτυχαῖς.
ΟΙ. Ὡδοιπόρεις δὲ πρὸς τί τούσδε τοὺς τόπους;
ΑΓ. Ἐνταῦθ' ὀρείοις ποιμνίοις ἐπεστάτουν.
ΟΙ. Ποιμὴν γὰρ ἦσθα κἀπὶ θητείᾳ πλάνης;

LE CORINTHIEN. – Si ce sont là tes raisons pour renoncer à ton retour...

ŒDIPE. – J'ai bien trop peur que Phœbos ne se révèle véridique.

LE CORINTHIEN. – Tu crains une souillure auprès de tes parents ?

ŒDIPE. – C'est bien là, vieillard, ce qui m'obsède.

LE CORINTHIEN. – Alors tu ne sais pas que tu crains sans raison.

ŒDIPE. – Comment est-ce possible, si je suis bien né d'eux ?

LE CORINTHIEN. – Sache donc que Polybe ne t'est rien par le sang.

ŒDIPE. – Quoi ! ce n'est pas Polybe qui m'aurait engendré ?

LE CORINTHIEN. – Polybe ne t'a pas engendré plus que moi.

ŒDIPE. – Quel rapport entre un père et toi qui ne m'es rien ?

LE CORINTHIEN. – Pas plus lui que moi-même jamais ne fut ton père.

ŒDIPE. – Et pourquoi donc alors me nommait-il son fils ?

LE CORINTHIEN. – C'est qu'il t'avait reçu comme un don de mes mains.

ŒDIPE. – Et pour l'enfant d'un autre il eut cette tendresse ?

LE CORINTHIEN. – Les enfants lui avaient manqué un si long temps.

ŒDIPE. – Tu m'avais acheté, ou rencontré, toi-même ?

LE CORINTHIEN. – Oui, trouvé dans un val du Cithéron boisé.

ŒDIPE. – Pourquoi voyageais-tu dans cette région ?

LE CORINTHIEN. – Je gardais là des troupeaux transhumants.

ŒDIPE. – Ah ! tu était berger nomade, mercenaire...

ΑΓ. Σοῦ δ᾽, ὦ τέκνον, σωτήρ γε τῷ τότ᾽ ἐν χρόνῳ. 1030

ΟΙ. Τί δ᾽ ἄλγος ἴσχοντ᾽ ἐν κακοῖς με λαμβάνεις;

ΑΓ. Ποδῶν ἂν ἄρθρα μαρτυρήσειεν τὰ σά.

ΟΙ. Οἴμοι, τί τοῦτ᾽ ἀρχαῖον ἐννέπεις κακόν;

ΑΓ. Λύω σ᾽ ἔχοντα διατόρους ποδοῖν ἀκμάς.

ΟΙ. Δεινόν γ᾽ ὄνειδος σπαργάνων ἀνειλόμην. 1035

ΑΓ. Ὥστ᾽ ὠνομάσθης ἐκ τύχης ταύτης ὃς εἶ.

ΟΙ. Ὦ πρὸς θεῶν, πρὸς μητρὸς ἢ πατρός; φράσον.

ΑΓ. Οὐκ οἶδ᾽· ὁ δοὺς δὲ ταῦτ᾽ ἐμοῦ λῷον φρονεῖ.

ΟΙ. Ἦ γὰρ παρ᾽ ἄλλου μ᾽ ἔλαβες οὐδ᾽ αὐτὸς τυχών;

ΑΓ. Οὔκ, ἀλλὰ ποιμὴν ἄλλος ἐκδίδωσί μοι. 1040

ΟΙ. Τίς οὗτος; ἦ κάτοισθα δηλῶσαι λόγῳ;

ΑΓ. Τῶν Λαΐου δήπου τις ὠνομάζετο.

ΟΙ. Ἦ τοῦ τυράννου τῆσδε γῆς πάλαι ποτέ;

ΑΓ. Μάλιστα· τούτου τἀνδρὸς οὗτος ἦν βοτήρ.

ΟΙ. Ἦ κἄστ᾽ ἔτι ζῶν οὗτος, ὥστ᾽ ἰδεῖν ἐμέ; 1045

ΑΓ. Ὑμεῖς γ᾽ ἄριστ᾽ εἰδεῖτ᾽ ἂν οὑπιχώριοι.

ΟΙ. Ἔστιν τις ὑμῶν τῶν παρεστώτων πέλας,
      ὅστις κάτοιδε τὸν βοτῆρ᾽ ὃν ἐννέπει,
      εἴτ᾽ οὖν ἐπ᾽ ἀγρῶν εἴτε κἀνθάδ᾽ εἰσιδών;
      σημήναθ᾽, ὡς ὁ καιρὸς ηὑρῆσθαι τάδε. 1050

LE CORINTHIEN. – Mais qui sauva ta vie, mon fils, en ce temps-là !

ŒDIPE. – Quel était donc mon mal, quand tu m'as recueilli en pareille détresse ?

LE CORINTHIEN. – Tes pieds pourraient sans doute en témoigner encore.

ŒDIPE. – Ah ! pourquoi rappeler mon ancienne misère ?

LE CORINTHIEN. – C'est moi qui dégageai tes deux pieds transpercés.

ŒDIPE. – Dieux ! quelle étrange honte autour de mon berceau !

LE CORINTHIEN. – Tu lui as dû un nom tiré de l'aventure.

ŒDIPE. – Mais cela, qui l'avait voulu ? Mon père ? ma mère ? par les dieux, dis-le.

LE CORINTHIEN. – Je ne sais ; mais celui qui te mit en mes mains sait cela mieux que moi.

ŒDIPE. – Ce n'est donc pas toi qui m'avais trouvé ? Tu me tenais d'un autre ?

LE CORINTHIEN. – Oui, un autre berger t'avait remis à moi.

ŒDIPE. – Qui est-ce ? le peux-tu désigner clairement ?

LE CORINTHIEN. – Il était sans nul doute des gens de Laïos.

ŒDIPE. – Du prince qui régnait sur ce pays jadis ?

LE CORINTHIEN. – Parfaitement, c'était un berger de ce roi.

ŒDIPE. – Est-il vivant encore, que je puisse le voir ?

LE CORINTHIEN. – C'est vous, gens du pays, qui le sauriez le mieux.

ŒDIPE *(au Chœur)*. – Parmi ceux qui sont là est-il quelqu'un qui sache quel est le berger dont parle cet homme, s'il habite aux champs, si on l'a vu ici ? Parlez donc franchement : le moment est venu de découvrir enfin le mot de cette affaire.

ΧΟ. Οἶμαι μὲν οὐδέν' ἄλλον ἢ τὸν ἐξ ἀγρῶν
ὃν κἀμάτευες πρόσθεν εἰσιδεῖν· ἀτὰρ
ἥδ' ἂν τάδ' οὐχ ἥκιστ' ἂν Ἰοκάστη λέγοι.

ΟΙ. Γύναι, νοεῖς ἐκεῖνον ὅντιν' ἀρτίως
μολεῖν ἐφιέμεσθα τόν θ' οὗτος λέγει —   1055

ΙΟ. Τί δ' ὅντιν' εἶπε ; μηδὲν ἐντραπῇς· τὰ δὲ
ῥηθέντα βούλου μηδὲ μεμνῆσθαι μάτην.

ΟΙ. Οὐκ ἂν γένοιτο τοῦθ', ὅπως ἐγὼ λαβὼν
σημεῖα τοιαῦτ' οὐ φανῶ τοὐμὸν γένος.

ΙΟ. Μή, πρὸς θεῶν, εἴπερ τι τοῦ σαυτοῦ βίου   1060
κήδῃ, ματεύσῃς τοῦθ'· ἅλις νοσοῦσ' ἐγώ.

ΟΙ. Θάρσει· σὺ μὲν γὰρ οὐδ' ἐὰν τρίτης ἐγὼ
μητρὸς φανῶ τρίδουλος, ἐκφανῇ κακή.

ΙΟ. Ὅμως πιθοῦ μοι, λίσσομαι· μὴ δρᾶ τάδε.

ΟΙ. Οὐκ ἂν πιθοίμην μὴ οὐ τάδ' ἐκμαθεῖν σαφῶς.   1065

ΙΟ. Καὶ μὴν φρονοῦσά γ' εὖ τὰ λῷστά σοι λέγω.

ΟΙ. Τὰ λῷστα τοίνυν ταῦτά μ' ἀλγύνει πάλαι.

ΙΟ. Ὢ δύσποτμ', εἴθε μήποτε γνοίης ὃς εἶ.

ΟΙ. Ἄξει τις ἐλθὼν δεῦρο τὸν βοτῆρά μοι ;
ταύτην δ' ἐᾶτε πλουσίῳ χαίρειν γένει.   1070

ΙΟ. Ἰοὺ ἰού, δύστηνε· τοῦτο γάρ σ' ἔχω
μόνον προσειπεῖν, ἄλλο δ' οὔποθ' ὕστερον.

ΧΟ. Τί ποτε βέβηκεν, Οἰδίπους, ὑπ' ἀγρίας
ᾄξασα λύπης ἡ γυνή ; δέδοιχ' ὅπως
μὴ 'κ τῆς σιωπῆς τῆσδ' ἀναρρήξει κακά.   1075

ΟΙ. Ὁποῖα χρῄζει ῥηγνύτω· τοὐμὸν δ' ἐγώ,
κεῖ σμικρόν ἐστι, σπέρμ' ἰδεῖν βουλήσομαι.
Αὕτη δ' ἴσως, φρονεῖ γὰρ ὡς γυνὴ μέγα,

---

64. Le propos de Jocaste est encore plus ambigu : « Hélas, hélas !
Malheureux ! Ce sont les seuls mots que je puis te dire. Il n'y en aura
plus jamais d'autres. »

LE Chœur. – Je crois bien qu'il n'est autre que le berger fixé à la campagne que tu désirais voir. Mais Jocaste est là : personne ne saurait nous renseigner mieux qu'elle.

ŒDIPE. – Tu sais, femme : l'homme que tout à l'heure nous désirions voir et celui dont il parle...

JOCASTE. – Et n'importe de qui il parle ! N'en aie nul souci. De tout ce qu'on t'a dit, va, ne conserve même aucun souvenir. À quoi bon !

ŒDIPE. – Impossible. J'ai déjà saisi trop d'indices pour renoncer désormais à éclaircir mon origine.

JOCASTE. – Non, par les dieux ! Si tu tiens à la vie, non, n'y songe plus. C'est assez que je souffre, moi.

ŒDIPE. – Ne crains donc rien. Va, quand je me révélerais et fils et petit-fils d'esclaves, tu ne serais pas, toi, une vilaine pour cela.

JOCASTE. – Arrête-toi pourtant, crois-moi, je t'en conjure.

ŒDIPE. – Je ne te croirai pas, je veux savoir le vrai.

JOCASTE. – Je sais ce que je dis. Va, mon avis est bon.

ŒDIPE. – Eh bien ! tes bons avis m'exaspèrent à la fin.

JOCASTE. – Ah ! puisses-tu jamais n'apprendre qui tu es !

ŒDIPE. – N'ira-t-on pas enfin me chercher ce bouvier ? Laissons-la se vanter de son riche lignage.

JOCASTE. – Malheureux ! malheureux ! oui, c'est là le seul nom dont je peux t'appeler. Tu n'en auras jamais un autre de ma bouche[64].

Elle rentre dans le palais.

LE Chœur. – Pourquoi part-elle ainsi, Œdipe ? On dirait qu'elle a sursauté sous une douleur atroce. Je crains qu'après un tel silence n'éclate quelque grand malheur.

ŒDIPE. – Eh ! qu'éclatent donc tous les malheurs qui voudront ! Mais mon origine, si humble soit-elle, j'entends, moi, la saisir. Dans son orgueil de femme, elle

τὴν δυσγένειαν τὴν ἐμὴν αἰσχύνεται.
Ἐγὼ δ' ἐμαυτὸν παῖδα τῆς Τύχης νέμων   1080
τῆς εὖ διδούσης, οὐκ ἀτιμασθήσομαι.
Τῆς γὰρ πέφυκα μητρός· οἱ δὲ συγγενεῖς
μῆνές με μικρὸν καὶ μέγαν διώρισαν.
Τοιόσδε δ' ἐκφῦς οὐκ ἂν ἐξέλθοιμ' ἔτι
ποτ' ἄλλος, ὥστε μὴ 'κμαθεῖν τοὐμὸν γένος.   1085

XO.   Εἴπερ ἐγὼ μάντις εἰμὶ   Str.
        καὶ κατὰ γνώμᾱν ἴδρις,
      οὐ τὸν Ὄλυμπον ἀπείρων, ὦ Κιθαιρών,
        οὐκ ἔσῃ τὰν αὔριον   1090
      πανσέληνον, μὴ οὐ σέ γε καὶ πατριώτᾱν Οἰδίπου

      καὶ τροφὸν καὶ μᾱτέρ' αὔξειν,
      καὶ χορεύεσθαι πρὸς ἡμῶν, ὡς ἐπίηρα φέροντα
        τοῖς ἐμοῖς τυράννοις.   1095
      Ἰήιε Φοῖβε, σοὶ δὲ ταῦτ' ἀρέστ' εἴη.

      Τίς σε, τέκνον, τίς σ' ἔτικτε   Ant.
        τῶν μακραιώνων ἆρα
      Πᾱνὸς ὀρεσσιβάτᾱ πατρὸς πελασθεῖσ',   1100
        ἢ σέ γ' εὐνάτειρά τις
      Λοξίου; τῷ γὰρ πλάκες ἀγρόνομοι πᾶσαι φίλαι·

      εἴθ' ὁ Κυλλᾱνᾱς ἀνάσσων,
      εἴθ' ὁ Βακχεῖος θεὸς ναίων ἐπ' ἄκρων ὀρέων εὕ- 1105
        ρημα δέξατ' ἔκ του
      Νυμφᾶν Ἑλικωνίδων, αἷς πλεῖστα συμπαίζει.

65. Le Chœur danse un hyporchème, danse légère et enjouée, qui,
plutôt qu'un troisième *stasimon*, divise le troisième épisode en deux
parties bien distinctes. La danse sert de transition entre le départ de

rougit sans doute de mon obscurité : je me tiens, moi, pour fils de la Fortune, Fortune la Généreuse, et n'en éprouve point de honte. C'est Fortune qui fut ma mère, et les années qui ont accompagné ma vie m'ont fait tour à tour et petit et grand. Voilà mon origine, rien ne peut la changer : pourquoi renoncerais-je à savoir de qui je suis né ?

HYPORCHÈME[65]

LE CHŒUR. (Strophe) – *Si je suis bon prophète, si mes lumières me révèlent le vrai, ou, par l'Olympe, je le jure, dès demain, à la pleine lune, tu t'entendras glorifier comme étant, ô Cithéron, le compatriote d'Œdipe,*
son nourricier, son père ; et nos chœurs te célébreront pour les faveurs que tu fis à nos rois. Et puisses-tu aussi Phœbos, toi qu'on invoque avec des cris aigus, avoir ces chants pour agréables !

(Antistrophe) Qui donc, enfant, qui donc t'a mis au monde ? Parmi les Nymphes aux longs jours, quelle est donc celle qui aima et rendit père Pan, le dieu qui court par les monts ? Ou bien serait-ce une amante de Loxias ? Il se plaît à hanter tous les plateaux sauvages.
Ou bien s'agirait-il du maître du Cyllène[66] ? Ou du divin Bacchos, l'habitant des hauts sommets, qui t'aurait reçu comme fils des mains d'une des Nymphes avec qui si souvent il s'ébat sur l'Hélicon ?

> Par la gauche arrivent deux esclaves
> conduisant un vieux berger.

Jocaste et l'arrivée du Serviteur. Jocaste et le Serviteur sont sans doute joués par le même acteur qui change de costume et de masque pendant les chants.
66. Hermès.

ΟΙ.   Εἰ χρή τι κἀμὲ μὴ συναλλάξαντά πω,   1110
      πρέσβεις, σταθμᾶσθαι, τὸν βοτῆρ' ὁρᾶν δοκῶ,
      ὅνπερ πάλαι ζητοῦμεν· ἔν τε γὰρ μακρῷ
      γήρᾳ ξυνᾴδει τῷδε τἀνδρὶ σύμμετρος,
      ἄλλως τε τοὺς ἄγοντας ὥσπερ οἰκέτᾶς
      ἔγνωκ' ἐμαυτοῦ· τῇ δ' ἐπιστήμῃ σύ μου   1115
      προὔχοις τάχ' ἄν που, τὸν βοτῆρ' ἰδὼν πάρος.

ΧΟ.   Ἔγνωκα γάρ· σάφ' ἴσθι· Λαΐου γὰρ ἦν,
      εἴπερ τις ἄλλος, πιστὸς ὡς νομεὺς ἀνήρ.

ΟΙ.   Σὲ πρῶτ' ἐρωτῶ, τὸν Κορίνθιον ξένον·
      ἦ τόνδε φράζεις ;

ΑΓ.   Τοῦτον, ὅνπερ εἰσορᾷς.   1120

ΟΙ.   Οὗτος σύ, πρέσβυ, δεῦρό μοι φώνει βλέπων
      ὅσ' ἄν σ' ἐρωτῶ. Λαΐου ποτ' ἦσθα σύ ;

ΘΕΡΑΠΩΝ

      Ἦ δοῦλος, οὐκ ὠνητός, ἀλλ' οἴκοι τραφείς.

ΟΙ.   Ἔργον μεριμνῶν ποῖον ἢ βίον τίνα ;

ΘΕ.   Ποίμναις τὰ πλεῖστα τοῦ βίου συνειπόμην.   1125

ΟΙ.   Χώροις μάλιστα πρὸς τίσιν ξύναυλος ὤν ;

ΘΕ.   Ἦν μὲν Κιθαιρών, ἦν δὲ πρόσχωρος τόπος.

ΟΙ.   Τὸν ἄνδρα τόνδ' οὖν οἶσθα τῇδέ που μαθών ;

ΘΕ.   Τί χρῆμα δρῶντα ; ποῖον ἄνδρα καὶ λέγεις ;

ΟΙ.   Τόνδ' ὃς πάρεστιν· ἢ ξυναλλάξᾶς τί πως ;   1130

ΘΕ.   Οὐχ ὥστε γ' εἰπεῖν ἐν τάχει μνήμης ὕπο.

ΑΓ.   Κοὐδέν γε θαῦμα, δέσποτ'· ἀλλ' ἐγὼ σαφῶς
      ἀγνῶτ' ἀναμνήσω νιν. Εὖ γὰρ οἶδ' ὅτι
      κάτοιδεν, ἦμος τὸν Κιθαιρῶνος τόπον

ŒDIPE. – Pour autant que je puisse ici le supposer, sans l'avoir rencontré encore, ce berger, vieillards, m'a l'air d'être celui que j'attends depuis un moment. Son grand âge s'accorde à celui de cet homme. D'ailleurs, dans ceux qui le conduisent, je reconnais des gens à moi. Mais ton savoir l'emporte sur le mien sans doute, puisque tu l'as vu toi-même jadis.

LE CHŒUR. – Oui, sache-le bien, je le reconnais. Il était chez Laïos tenu pour un berger fidèle entre tous.

ŒDIPE. – C'est à toi d'abord que je m'adresse, à toi, le Corinthien. Est-ce là l'homme dont tu parles ?

LE CORINTHIEN. – C'est celui-là même ; tu l'as devant toi.

ŒDIPE. – Ça, vieillard, à ton tour ! Approche et, les yeux dans mes yeux, réponds à mes demandes. Tu étais bien à Laïos ?

LE SERVITEUR. – Oui, esclave non acheté, mais né au palais du roi.

ŒDIPE. – Attaché à quelle besogne ? Menant quelle sorte de vie ?

LE SERVITEUR. – Je faisais paître les troupeaux la plus grande partie du temps.

ŒDIPE. – Et dans quelles régions séjournais-tu de préférence ?

LE SERVITEUR. – Dans la région du Cithéron, ou dans les régions voisines.

ŒDIPE. – Et là, te souviens-tu d'avoir connu cet homme ?

LE SERVITEUR. – Mais qu'y faisait-il ? de qui parles-tu ?

ŒDIPE. – De celui qui est là. Ne l'as-tu pas rencontré ?

LE SERVITEUR. – Pas assez pour que ma mémoire me laisse répondre si vite.

LE CORINTHIEN. – Rien d'étonnant à cela, maître. Mais je vais nettement, puisqu'il ne me reconnaît pas, réveiller, moi, ses souvenirs. Je suis bien sûr qu'il se souvient du temps où, sur le Cithéron, lui avec deux

δ μὲν διπλοῖσι ποιμνίοις, ἐγὼ δ' ἑνὶ   1135
ἐπλησίαζον τῷδε τἀνδρὶ τρεῖς ὅλους
ἐξ ἦρος εἰς ἀρκτοῦρον ἐκμήνους χρόνους·
χειμῶνα δ' ἤδη τἀμά τ' εἰς ἔπαυλ' ἐγὼ
ἤλαυνον οὗτός τ' εἰς τὰ Λαΐου σταθμά.
Λέγω τι τούτων, ἢ οὐ λέγω πεπραγμένον ;   1140

ΘΕ.   Λέγεις ἀληθῆ, καίπερ ἐκ μακροῦ χρόνου.

ΑΓ.   Φέρ' εἰπὲ νῦν, τότ' οἶσθα παῖδά μοί τινα
      δούς, ὡς ἐμαυτῷ θρέμμα θρεψαίμην ἐγώ ;

ΘΕ.   Τί δ' ἔστι ; πρὸς τί τοῦτο τοὔπος ἱστορεῖς ;

ΑΓ.   Ὅδ' ἐστίν, ὦ τᾶν, κεῖνος ὃς τότ' ἦν νέος.   1145

ΘΕ.   Οὐκ εἰς ὄλεθρον ; οὐ σιωπήσας ἔσῃ ;

ΟΙ.   Ἆ, μὴ κόλαζε, πρέσβυ, τόνδ', ἐπεὶ τὰ σὰ
      δεῖται κολαστοῦ μᾶλλον ἢ τὰ τοῦδ' ἔπη.

ΘΕ.   Τί δ', ὦ φέριστε δεσποτῶν, ἁμαρτάνω ;

ΟΙ.   Οὐκ ἐννέπων τὸν παῖδ' ὃν οὗτος ἱστορεῖ.   1150

ΘΕ.   Λέγει γὰρ εἰδὼς οὐδέν, ἀλλ' ἄλλως πονεῖ.

ΟΙ.   Σὺ πρὸς χάριν μὲν οὐκ ἐρεῖς, κλαίων δ' ἐρεῖς.

ΘΕ.   Μὴ δῆτα, πρὸς θεῶν, τὸν γέροντά μ' αἰκίσῃ.

ΟΙ.   Οὐχ ὡς τάχος τις τοῦδ' ἀποστρέψει χέρας ;

ΘΕ.   Δύστηνος. ἀντὶ τοῦ ; τί προσχρῄζων μαθεῖν ;   1155

ΟΙ.   Τὸν παῖδ' ἔδωκας τῷδ' ὃν οὗτος ἱστορεῖ ;

ΘΕ.   Ἔδωκ'· ὀλέσθαι δ' ὤφελον τῇδ' ἡμέρᾳ.

ΟΙ.   Ἀλλ' εἰς τόδ' ἥξεις μὴ λέγων γε τοὐνδικον.

troupeaux, et moi avec un, nous avons tous les deux vécu côte à côte, à trois reprises, pendant six mois, du début du printemps au lever de l'Arcture. L'hiver venu, nous ramenions nos bêtes, moi dans ma bergerie, lui aux étables de son maître. Oui ou non, dis-je vrai ?

LE SERVITEUR. – Vrai. Mais il s'agit là de choses bien anciennes.

LE CORINTHIEN. – Et maintenant, dis-moi. En ce temps-là, te souviens-tu de m'avoir remis un enfant, afin que je l'élève comme s'il était le mien ?

LE SERVITEUR. – Que dis-tu ? Où veux-tu en venir ?

LE CORINTHIEN. – Le voilà, mon ami, cet enfant d'autrefois !

LE SERVITEUR (menaçant). – Malheur à toi ! veux-tu te taire !

ŒDIPE. – Eh là, vieux, pas de coups ! Ce sont bien tes propos qui méritent des coups, beaucoup plus que les siens.

LE SERVITEUR. – Mais quelle est donc ma faute, ô le meilleur des maîtres ?

ŒDIPE. – Tu ne nous as rien dit de l'enfant dont il parle.

LE SERVITEUR. – Il parle sans savoir, il s'agite pour rien.

ŒDIPE. – Si tu ne veux pas parler de bon gré, tu parleras de force et il t'en cuira.

LE SERVITEUR. – Ah ! je t'en supplie, par les dieux, ne maltraite pas un vieillard.

ŒDIPE. – Vite, qu'on lui attache les mains dans le dos !

LE SERVITEUR. – Hélas ! pourquoi donc ? que veux-tu savoir ?

ŒDIPE. – C'est toi qui lui remis l'enfant dont il nous parle ?

LE SERVITEUR. – C'est moi. J'aurais bien dû mourir le même jour.

ŒDIPE. – Refuse de parler, et c'est ce qui t'attend.

ΘΕ. Πολλῷ γε μᾶλλον, ἢν φράσω, διόλλυμαι.
ΟΙ. Ἁνὴρ ὅδ᾽, ὡς ἔοικεν, ἐς τριβὰς ἐλᾷ.   1160
ΘΕ. Οὐ δῆτ᾽ ἔγωγ᾽, ἀλλ᾽ εἶπον ὡς δοίην πάλαι.
ΟΙ. Πόθεν λαβών ; οἰκεῖον ἢ ᾽ξ ἄλλου τινός ;
ΘΕ. Ἐμὸν μὲν οὐκ ἔγωγ᾽, ἐδεξάμην δέ του.
ΟΙ. Τίνος πολιτῶν τῶνδε κἀκ ποίας στέγης ;
ΘΕ. Μὴ πρὸς θεῶν, μή, δέσποθ᾽, ἱστόρει πλέον.   1165
ΟΙ. Ὄλωλας, εἴ σε ταῦτ᾽ ἐρήσομαι πάλιν.
ΘΕ. Τῶν Λαΐου τοίνυν τις ἦν γεννημάτων.
ΟΙ. Ἦ δοῦλος, ἢ κείνου τις ἐγγενὴς γεγώς ;
ΘΕ. Οἴμοι, πρὸς αὐτῷ γ᾽ εἰμὶ τῷ δεινῷ λέγειν.
ΟΙ. Κἀγώγ᾽ ἀκούειν· ἀλλ᾽ ὅμως ἀκουστέον.   1170
ΘΕ. Κείνου γέ τοι δὴ παῖς ἐκλῄζεθ᾽· ἡ δ᾽ ἔσω
     κάλλιστ᾽ ἂν εἴποι σὴ γυνὴ τάδ᾽ ὡς ἔχει.
ΟΙ. Ἦ γὰρ δίδωσιν ἥδε σοι ;
ΘΕ.   Μάλιστ᾽, ἄναξ.
ΟΙ. Ὡς πρὸς τί χρείας ;
ΘΕ.   Ὡς ἀναλώσαιμί νιν.
ΟΙ. Τεκοῦσα τλήμων ;
ΘΕ.   Θεσφάτων γ᾽ ὄκνῳ κακῶν.   1175
ΟΙ. Ποίων ;
ΘΕ.   Κτενεῖν νιν τοὺς τεκόντας ἦν λόγος.
ΟΙ. Πῶς δῆτ᾽ ἀφῆκας τῷ γέροντι τῷδε σύ ;
ΘΕ. Κατοικτίσας, ὦ δέσποθ᾽, ὡς ἄλλην χθόνα
     δοκῶν ἀποίσειν, αὐτὸς ἔνθεν ἦν· ὁ δὲ
     κάκ᾽ εἰς μέγιστ᾽ ἔσωσεν· εἰ γὰρ οὗτος εἶ   1180

LE SERVITEUR. – Si je parle, ma mort est bien plus sûre encore.

ŒDIPE. – Cet homme m'a tout l'air de chercher des délais.

LE SERVITEUR. – Non, je l'ai dit déjà : c'est moi qui le remis.

ŒDIPE. – De qui le tenais-tu ? De toi-même ou d'un autre ?

LE SERVITEUR. – Il n'était pas à moi. Je le tenais d'un autre.

ŒDIPE. – De qui ? de quel foyer de Thèbes sortait-il ?

LE SERVITEUR. – Non, maître, au nom des dieux, n'en demande pas plus.

ŒDIPE. – Tu es mort, si je dois répéter ma demande.

LE SERVITEUR. – Il était né chez Laïos.

ŒDIPE. – Esclave ?... ou parent du roi ?

LE SERVITEUR. – Hélas ! j'en suis au plus cruel à dire.

ŒDIPE. – Et pour moi à entendre. Pourtant je l'entendrai.

LE SERVITEUR. – Il passait pour son fils... Mais ta femme, au palais, peut bien mieux que personne te dire ce qui est.

ŒDIPE. – C'est elle qui te l'avait remis ?

LE SERVITEUR. – C'est elle, seigneur.

ŒDIPE. – Dans quelle intention ?

LE SERVITEUR. – Pour que je le tue.

ŒDIPE. – Une mère !... La pauvre femme !

LE SERVITEUR. – Elle avait peur d'un oracle des dieux.

ŒDIPE. – Qu'annonçait-il ?

LE SERVITEUR. – Qu'un jour, prétendait-on, il tuerait ses parents.

ŒDIPE. – Mais pourquoi l'avoir, toi, remis à ce vieillard ?

LE SERVITEUR. – J'eus pitié de lui, maître. Je crus, moi, qu'il l'emporterait au pays d'où il arrivait. Il t'a sauvé la vie, mais pour les pires maux ! Si tu es vraiment

        ὃν φησιν οὗτος. ἴσθι δύσποτμος γεγώς.

ΟΙ.   Ἰοὺ ἰού· τὰ πάντ' ἂν ἐξήκοι σαφῆ.

      Ὦ φῶς, τελευταῖόν σε προσβλέψαιμι νῦν,

      ὅστις πέφασμαι φῦς τ' ἀφ' ὧν οὐ χρῆν, ξὺν οἷς τ'

      οὐ χρῆν ὁμῑλῶν, οὕς τέ μ' οὐκ ἔδει κτανών.   1185

ΧΟ.   Ἰὼ γενεαὶ βροτῶν,   Str 1.

      ὡς ὓμᾶς ἴσα καὶ τὸ μη-

        δὲν ζώσᾱς ἐναριθμῶ.

      Τίς γάρ, τίς ἀνὴρ πλέον

      τᾶς εὐδαιμονίᾱς φέρει   1190

        ἢ τοσοῦτον ὅσον δοκεῖν

        καὶ δόξαντ' ἀποκλῖναι;

      Τὸν σόν τοι παράδειγμ' ἔχων,

      τὸν σὸν δαίμονα, τὸν σόν, ὦ

        τλᾶμον Οἰδιπόδᾱ, βροτῶν

        οὐδὲν μακαρίζω·   1195

      ὅστις καθ' ὑπερβολᾶν   Ant. 1.

      τοξεύσᾱς ἐκράτησε τοῦ

        πάντ' εὐδαίμονος ὄλβου,

      ὦ Ζεῦ, κατὰ μὲν φθίσᾱς

      τᾱν γαμψώνυχα παρθένον

        χρησμῳδόν, θανάτων δ' ἐμᾷ   1200

        χώρᾳ πύργος ἀνέστᾱ·

      ἐξ οὗ καὶ βασιλεὺς καλῇ

      ἐμὸς καὶ τὰ μέγιστ' ἐτῑ-

        μάθης ταῖς μεγάλαισιν ἐν

        Θήβαισ⟨ιν⟩ ἀνάσσων.

celui dont il parle, sache que tu es né marqué par le malheur.

ŒDIPE. – Hélas ! hélas ! ainsi tout à la fin serait vrai !
Ah ! lumière du jour, que je te voie ici pour la dernière
fois, puisque aujourd'hui je me révèle le fils de qui je ne
devais pas naître, l'époux de qui je ne devais pas l'être,
le meurtrier de qui je ne devais pas tuer !

Il rentre dans le palais.

TROISIÈME *STASIMON*

LE CHŒUR. (Strophe 1)[67] – *Pauvres générations
humaines, je ne vois en vous qu'un néant !*

*Quel est, quel est donc l'homme qui obtient plus de
bonheur qu'il en faut pour paraître heureux, puis, cette
apparence donnée, disparaître de l'horizon ?*

*Ayant ton sort pour exemple, ton sort à toi, ô mal-
heureux Œdipe, je ne puis plus juger heureux qui que ce
soit parmi les hommes.*

*(Antistrophe 1) Il avait visé au plus haut. Il s'était
rendu maître d'une fortune et d'un bonheur complets.*

*Il avait détruit, ô Zeus, la devineresse aux serres
aiguës. Il s'était dressé devant notre ville comme un
rempart contre la mort.*

*Et c'est ainsi, Œdipe, que tu avait été proclamé notre
roi, que tu avais reçu les honneurs les plus hauts, que tu
régnais sur la puissante Thèbes.*

67. La strophe se compose de mètres éoliens (glyconiens et mètres
apparentés).

Τανῦν δ' ἀκούειν τίς ἀθλιώτερος;　　　　Str. 2.
τίς ἄταις ἀγρίαις, τίς ἐν πόνοις　　　　1305
ξύνοικος ἀλλαγᾷ βίου;

Ἰὼ κλεινὸν Οἰδίπου κάρα,
ᾧ μέγας λιμὴν αὑτὸς ἤρκεσεν
παιδὶ καὶ πατρὶ θαλαμηπόλῳ πεσεῖν,　　　　1310

πῶς ποτε πῶς ποθ' αἱ πατρῷ-
αἱ σ' ἄλοκες φέρειν, τάλᾱς,
σῖγ' ἐδυνᾱθησαν ἐς τοσόνδε;

Ἐφηῦρέ σ' ἄκονθ' ὁ πάνθ' ὁρῶν χρόνος·　　　　Ant. 2.
δικάζει τὸν ἄγαμον γάμον πάλαι
τεκνοῦντα καὶ τεκνούμενον.　　　　1315

Ἰώ, Λάϊειον ⟨δ⟩ τέκνον·
εἴθε σ' εἴθ' ἐ⟨γὼ⟩ μήποτ' εἰδόμᾱν·
δῦρομαι γὰρ ὡς περίαλλ' ἰα⟨κ⟩χέων

ἐκ στομάτων. Τὸ δ' ὀρθὸν εἰπεῖν, ἀνέπνευσά τ' ἐκ σέθεν　　　　1320
καὶ κατεκοίμησα τοὐμὸν ὄμμα.

ΕΞΑΓΓΕΛΟΣ

Ὦ γῆς μέγιστα τῆσδ' ἀεὶ τῑμώμενοι,
οἷ' ἔργ' ἀκούσεσθ', οἷα δ' εἰσόψεσθ', ὅσον δ'
ἀρεῖσθε πένθος, εἴπερ ἐγγενῶς ἔτι　　　　1325
τῶν Λαβδακείων ἐντρέπεσθε δωμάτων.
Οἶμαι γὰρ οὔτ' ἂν Ἴστρον οὔτε Φᾶσιν ἂν
νίψαι καθαρμῷ τήνδε τὴν στέγην, ὅσα

---

68. Iambes et choriambes forment cette seconde strophe.
69. Sophocle rend explicite le rapport entre la fécondation du sein maternel par Œdipe et la stérilité du sol, des animaux et des hommes, qui en a découlé.

(Strophe 2)[68] *Et maintenant qui pourrait être dit plus malheureux que toi ? Qui a subi désastres, misères plus atroces, dans un pareil revirement ?*

Ah ! noble et cher Œdipe ! Ainsi la chambre nuptiale a vu le fils après le père entrer au même port terrible !

Comment, comment un champ labouré par ton père a-t-il pu si longtemps, sans révolte, te supporter, ô malheureux[69] *?*

(Antistrophe 2) *Le temps qui voit tout malgré toi l'a découvert*[70]. *Il condamne l'hymen, qui n'a rien d'un hymen, d'où naissaient à la fois et depuis tant de jours un père et des enfants.*

Ah ! fils de Laïos ! que j'aurais donc voulu ne jamais, ne jamais te connaître ! Je me désole, et des cris éperdus

s'échappent de ma bouche. Il faut dire la vérité : par toi jadis j'ai recouvré la vie, et par toi aujourd'hui je ferme à jamais les yeux !

EXODOS

Un esclave sort du palais.

LE MESSAGER. – Ô vous que ce pays a de tout temps entre tous honorés, qu'allez-vous donc ouïr et qu'allez-vous voir ? Quel chant de deuil devrez-vous faire entendre si, fidèles à votre sang, vous vous intéressez encore à la maison des Labdacides ? Ni l'Ister ni le Phase[71] ne seraient capables, je crois, de laver les

---

70. Le temps, celui dont Œdipe avait la maîtrise quand il affrontait la Sphinx, révèle les perturbations qui ont été perpétrées contre lui.
71. Le Danube et le Rion (cf. Hésiode, *Théogonie*, v. 339).

κεύθει, τὰ δ' αὐτίκ' εἰς τὸ φῶς φανεῖ κακὰ
ἑκόντα κοὐκ ἄκοντα· τῶν δὲ πημονῶν   1230
μάλιστα λυποῦσ' αἳ φανῶσ' αὐθαίρετοι.

ΧΟ. Λείπει μὲν οὐδ' ἃ πρόσθεν ᾔδεμεν τὸ μὴ οὐ
βαρύστον' εἶναι· πρὸς δ' ἐκείνοισιν τί φῄς;

ΕΞ. Ὁ μὲν τάχιστος τῶν λόγων εἰπεῖν τε καὶ
μαθεῖν, τέθνηκε θεῖον Ἰοκάστης κάρα.   1235

ΧΟ. Ὦ δυστάλαινα, πρὸς τίνος ποτ' αἰτίας;

ΕΞ. Αὐτὴ πρὸς αὑτῆς. Τῶν δὲ πραχθέντων τὰ μὲν
ἄλγιστ' ἄπεστιν· ἡ γὰρ ὄψις οὐ πάρα.
Ὅμως δ', ὅσον γε κἀν ἐμοὶ μνήμης ἔνι,
πεύσῃ τὰ κείνης ἀθλίας παθήματα.   1240
Ὅπως γὰρ ὀργῇ χρωμένη παρῆλθ' ἔσω
θυρῶνος, ἵετ' εὐθὺ πρὸς τὰ νυμφικὰ
λέχη, κόμην σπῶσ' ἀμφιδεξίοις ἀκμαῖς.
Πύλας δ' ὅπως εἰσῆλθ' ἐπιρράξασ' ἔσω,
κάλει τὸν ἤδη Λάιον πάλαι νεκρόν,   1245
μνήμην παλαιῶν σπερμάτων ἔχουσ', ὑφ' ὧν
θάνοι μὲν αὐτός, τὴν δὲ τίκτουσαν λίποι
τοῖς οἷσιν αὐτοῦ δύστεκνον παιδουργίαν·
γοᾶτο δ' εὐνάς, ἔνθα δύστηνος διπλοῦς
ἐξ ἀνδρὸς ἄνδρα καὶ τέκν' ἐκ τέκνων τέκοι.   1250

Χὤπως μὲν ἐκ τῶνδ' οὐκέτ' οἶδ' ἀπόλλυται·
βοῶν γὰρ εἰσέπαισεν Οἰδίπους, ὑφ' οὗ
οὐκ ἦν τὸ κείνης ἐκθεάσασθαι κακόν,
ἀλλ' εἰς ἐκεῖνον περιπολοῦντ' ἐλεύσσομεν·
φοιτᾷ γὰρ ἡμᾶς ἔγχος ἐξαιτῶν πορεῖν,   1255
γυναῖκά τ' οὐ γυναῖκα, μητρῴαν δ' ὅπου
κίχοι διπλῆν ἄρουραν οὗ τε καὶ τέκνων.
Λυσσῶντι δ' αὐτῷ δαιμόνων δείκνυσί τις·
οὐδεὶς γὰρ ἀνδρῶν, οἳ παρῆμεν ἐγγύθεν.
Δεινὸν δ' ἀύσας, ὡς ὑφηγητοῦ τινος   1260

souillures que cache ce palais, et dont il va bientôt révéler une part – souillures voulues, non involontaires ; mais, parmi les malheurs, les plus affligeants ne sont-ils pas ceux justement qui sont nés d'un libre choix ?

Le Chœur. – Ce que nous savions nous donnait déjà matière à gémir : qu'y viens-tu ajouter encore ?

Le Messager. – Un mot suffit, aussi court à dire qu'à entendre : notre noble Jocaste est morte.

Le Chœur. – La malheureuse ! Et qui causa sa mort ?

Le Messager. – Elle-même. Mais le plus douloureux de tout cela t'échappe : le spectacle du moins t'en aura été épargné. Malgré tout, dans la mesure où le permettra ma mémoire, tu vas savoir ce qu'a souffert l'infortunée. À peine a-t-elle franchi le vestibule que, furieuse, elle court vers le lit nuptial, en s'arrachant à deux mains les cheveux. Elle entre et violemment ferme la porte derrière elle. Elle appelle alors Laïos, déjà mort depuis tant d'années ; elle évoque « les enfants que jadis il lui donna et par qui il périt lui-même, pour laisser la mère à son tour donner à ses propres fils une sinistre descendance ». Elle gémit sur la couche « où, misérable, elle enfanta un époux de son époux et des enfants de ses enfants » ! Comment elle périt ensuite, je l'ignore, car à ce moment Œdipe, hurlant, tombe au milieu de nous, nous empêchant d'assister à sa fin : nous ne pouvons plus regarder que lui. Il fait le tour de notre groupe ; il va, il vient, nous suppliant de lui fournir une arme, nous demandant où il pourra trouver l'« épouse qui n'est pas son épouse, mais qui fut un champ maternel à la fois pour lui et pour ses enfants ». Sur quoi un dieu sans doute dirige sa fureur, car ce n'est certes aucun de ceux qui l'entouraient avec moi. Subitement, il poussa un cri terrible et, comme mené par un guide, le voilà qui se précipite sur les deux vantaux de la porte, fait fléchir le

πύλαις διπλαῖς ἐνήλατ᾽, ἐκ δὲ πυθμένων
ἔκλῑνε κοῖλα κλῇθρα κᾱμπῑπτει στέγῃ.
Οὗ δὴ κρεμαστὴν τὴν γυναῖκ᾽ ἐσείδομεν,
πλεκταῖς ἐώραις ἐμπεπλεγμένην· ὁ δὲ
ὅπως ὁρᾷ νιν, δεινὰ βρῡχηθεὶς τάλᾱς,   1265
χαλᾷ κρεμαστὴν ἀρτάνην· ἐπεὶ δὲ γῇ
ἔκειθ᾽ ὁ τλήμων, δεινὰ δ᾽ ἦν τᾱνθένδ᾽ ὁρᾶν.
Ἀποσπάσᾱς γὰρ εἱμάτων χρῡσηλάτους
περόνᾱς ἀπ᾽ αὐτῆς, αἷσιν ἐξεστέλλετο,
ἄρᾱς ἔπαισεν ἄρθρα τῶν αὑτοῦ κύκλων,   1270
αὐδῶν τοιαῦθ᾽, ὁθούνεκ᾽ οὐκ ὄψοιντό νιν
οὔθ᾽ οἷ᾽ ἔπασχεν οὔθ᾽ ὁποῖ᾽ ἔδρᾱ κακά,
ἀλλ᾽ ἐν σκότῳ τὸ λοιπὸν οὓς μὲν οὐκ ἔδει
ὀψοίαθ᾽, οὓς δ᾽ ἔχρηζεν οὐ γνωσοίατο.
Τοιαῦτ᾽ ἐφυμνῶν πολλάκις τε κοὐχ ἅπαξ   1275
ἤρασσ᾽ ἐπαίρων βλέφαρα· φοίνιαι δ᾽ ὁμοῦ
γλῆναι γένει᾽ ἔτεγγον, οὐδ᾽ ἀνίεσαν
φόνου μυδώσᾱς σταγόνας, ἀλλ᾽ ὁμοῦ μέλᾱς
ὄμβρος χαλάζης αἵματός τ᾽ ἐτέγγετο.
Τάδ᾽ ἐκ δυοῖν ἔρρωγεν, οὐ μόνου, κακά,   1280
ἀλλ᾽ ἀνδρὶ καὶ γυναικὶ συμμιγῆ κακά.
Ὁ πρὶν παλαιὸς δ᾽ ὄλβος ἦν πάροιθε μὲν
ὄλβος δικαίως· νῦν δὲ τῇδε θἠμέρᾳ
στεναγμός, ἄτη, θάνατος, αἰσχύνη, κακῶν
ὅσ᾽ ἐστὶ πάντων ὀνόματ᾽, οὐδέν ἐστ᾽ ἀπόν.   1285
ΧΟ.　Νῦν δ᾽ ἔσθ᾽ ὁ τλήμων ἔν τινι σχολῇ κακοῦ ;
ΕΞ.　Βοᾷ διοίγειν κλῇθρα καὶ δηλοῦν τινα
　　　τοῖς πᾶσι Καδμείοισι τὸν πατροκτόνον,
　　　τὸν μητρὸς — αὐδῶν ἀνόσι᾽ οὐδὲ ῥητά μοι.

72. Littéralement : « Il fait glisser hors des gâches les verrous
enfoncés dans leurs trous » (P. Mazon).

verrou qui saute de la gâche[72], se rue enfin au milieu de la pièce... La femme est pendue ! Elle est là, devant nous, étranglée par le nœud qui se balance au toit... Le malheureux à ce spectacle pousse un gémissement affreux. Il détache la corde qui pend, et le pauvre corps tombe à terre... C'est un spectacle alors atroce à voir. Arrachant les agrafes d'or qui servaient à draper ses vêtements sur elle, il les lève en l'air et il se met à en frapper ses deux yeux dans leurs orbites. « Ainsi ne verront-ils plus, dit-il, ni le mal que j'ai subi, ni celui que j'ai causé ; ainsi les ténèbres leur défendront-elles de voir désormais ceux que je n'eusse pas dû voir, et de connaître ceux que, malgré tout, j'eusse voulu connaître ! » Et tout en clamant ces mots, sans répit, les bras levés, il se frappait les yeux, et leurs globes en sang coulaient sur sa barbe. Ce n'était pas un suintement de gouttes rouges, mais une noire averse de grêle et de sang, inondant son visage !... Le désastre a éclaté, non par sa seule faute, mais par le fait de tous deux à la fois : c'est le commun désastre de la femme et de l'homme. Leur bonheur d'autrefois était hier encore un bonheur au sens vrai du mot : aujourd'hui, au contraire, sanglots, désastre, mort et ignominie, toute tristesse ayant un nom se rencontre ici désormais ; pas une qui manque à l'appel !

LE CHŒUR. – Et, à présent, le misérable jouit-il de quelque relâche à sa peine ?

LE MESSAGER. – Il demande à grands cris « qu'on ouvre les portes[73] et qu'on fasse voir à tous les Cadméens celui qui tua son père et qui fit de sa mère... »

---

73. Verrous : ils enferment ce qu'on veut cacher et ne se laissent ouvrir qu'avec brutalité. Dans le récit du Messager, les verrous prennent une importance particulière ; ils permettent à Œdipe d'accéder à la pièce où Jocaste s'est pendue (v. 1262). Ici, ils renforcent la limite entre l'intérieur, le lieu invisible de l'action, et l'extérieur, le lieu de l'attente et de la parole.

ὡς ἐκ χθονὸς ῥῖψων ἑαυτόν, οὐδ' ἔτι   1290
μενῶν δόμοις ἀραῖος ὡς ἠρᾶσατο.
Ῥώμης γε μέντοι καὶ προηγητοῦ τινος
δεῖται· τὸ γὰρ νόσημα μεῖζον ἢ φέρειν.
Δείξει δὲ καὶ σοί· κλῇθρα γὰρ πυλῶν τάδε
διοίγεται· θέαμα δ' εἰσόψει τάχα   1295
τοιοῦτον οἷον καὶ στυγοῦντ' ἐποικτίσαι.

ΧΟ. Ὦ δεινὸν ἰδεῖν πάθος ἀνθρώποις,
      ὦ δεινότατον πάντων ὅσ' ἐγὼ
      προσέκυρσ' ἤδη· τίς σ', ὦ τλῆμον,
      προσέβη μανία; τίς ὁ πηδήσας   1300
      μείζονα δαίμων τῶν μακίστων
          πρὸς σῇ δυσδαίμονι μοίρᾳ;
      Φεῦ φεῦ, δύσταν'· ἀλλ' οὐδ' ἐσιδεῖν
      δύναμαί σε, θέλων πόλλ' ἀνερέσθαι,
      πολλὰ πυθέσθαι, πολλὰ δ' ἀθρῆσαι·   1305
          τοίαν φρίκην παρέχεις μοι.

ΟΙ. Αἰαῖ, αἰαῖ, δύστανος ἐγώ,
      ποῖ γᾶς φέρομαι τλᾶμων; πᾷ μοι
      φθογγὰ διαπωτᾶται φοράδην;   1310
          ἰὼ δαῖμον, ἵν' ἐξήλου.

ΧΟ. Ἐς δεινὸν οὐδ' ἀκουστὸν οὐδ' ἐπόψιμον.

ΟΙ. Ἰὼ σκότου   Str. 1.
      νέφος ἐμὸν ἀπότροπον, ἐπιπλόμενον ἄφατον,
      ἀδάματόν τε καὶ δυσούριστον ⟨μοι⟩.   1315

      Οἴμοι,
      οἴμοι μάλ' αὖθις· οἷον εἰσέδυ μ' ἅμα
      κέντρων τε τῶνδ' οἴστρημα καὶ μνήμη κακῶν.

74. Les anapestes sont d'abord récités par le Chœur, tandis
qu'Œdipe s'avance.

– ses mots sont trop ignobles, je ne puis les redire. Il parle « en homme qui s'apprête à s'exiler lui-même du pays, qui ne peut plus y demeurer, puisqu'il se trouve sous le coup de sa propre imprécation ». Pourtant, il a besoin d'un appui étranger, il a besoin d'un guide. Le coup qui l'a frappé est trop lourd à porter. Tu vas en juger par toi-même. On pousse justement le verrou de sa porte. Tu vas contempler un spectacle qui apitoierait même un ennemi.

Œdipe s'avance, la face sanglante.

ANAPESTES[74]

LE CHŒUR. – Ô disgrâce effroyable à voir pour des mortels – oui, la plus effroyable que j'aie jamais croisée sur mon chemin ! Quelle démence, infortuné, s'est donc abattue sur toi ? Quel Immortel a fait sur ta triste fortune un bond plus puissant qu'on n'en fit jamais ?

Ah ! malheureux ! non, je ne puis te regarder en face. Et cependant je voudrais tant t'interroger, te questionner, t'examiner… Mais tu m'inspires trop d'effroi !

ŒDIPE. – Hélas ! hélas ! malheureux que je suis ! Où m'emportent mes pas, misérable ? où s'envole ma voix, en s'égarant dans l'air ? Ah ! mon destin, où as-tu été te précipiter ? *(Fin des anapestes.)*

LE CHŒUR. – Dans un désastre, hélas ! effrayant à voir autant qu'à entendre.

COMMOS

ŒDIPE. *(Strophe 1)[75]* – *Ah ! nuage de ténèbres ! nuage abominable, qui t'étends sur moi, immense, irrésistible, écrasant !*

Ah ! comme je sens pénétrer en moi tout ensemble et l'aiguillon de mes blessures et le souvenir de mes maux !

---

75. Le caractère extrêmement spectaculaire et pathétique de ce *commos* est exprimé par le rythme dochmiaque dans les deux couples de strophes.

ΧΟ.   Καὶ θαῦμά γ' οὐδὲν ἐν τοσοῖσδε πήμασιν
      διπλᾶ σε πενθεῖν καὶ διπλᾶ φορεῖν κακά.   1320

ΟΙ.   Ἰὼ φίλος,   Ant. 1.
      σὺ μὲν ἐμὸς ἐπίπολος ἔτι μόνιμος· ἔτι γὰρ
      ὑπομένεις με τὸν τυφλὸν κηδεύων.

      Φεῦ φεῦ,
      οὐ γάρ με λήθεις, ἀλλὰ γιγνώσκω σαφῶς,   1325
      καίπερ σκοτεινός, τήν γε σὴν αὐδὴν ὅμως.

ΧΟ.   Ὦ δεινὰ δράσας, πῶς ἔτλης τοιαῦτα σᾶς
      ὄψεις μαρᾶναι; τίς σ' ἐπῆρε δαιμόνων;

ΟΙ.   Ἀπόλλων τάδ' ἦν, Ἀπόλλων, φίλοι,   Str. 2.
      ὁ κακὰ κακὰ τελῶν ἐμὰ τάδ' ἐμὰ πάθεα.   1330
      Ἔπαισε δ' αὐτόχειρ νιν οὔ-
         τις, ἀλλ' ἐγὼ τλάμων.

      Τί γὰρ ἔδει μ' ὁρᾶν,
      ὅτῳ γ' ὁρῶντι μηδὲν ἦν ἰδεῖν γλυκύ;   1335

ΧΟ.   Ἦν ταῦθ' ὅπωσπερ καὶ σὺ φής.

ΟΙ.   Τί δῆτ' ἐμοὶ βλεπτὸν ἦν
      στερκτόν; ἢ προσήγορον
      ἔτ' ἔστ' ἀκούειν ἡδονᾷ, φίλοι;

      Ἀπάγετ' ἐκτόπιον ὅτι τάχιστά με,   1340
      ἀπάγετ', ὦ φίλοι, τὸν ὄλεθρον μέγαν,
      τὸν καταρατότατον,
      ἔτι δὲ καὶ θεοῖς ἐχθρότατον βροτῶν.   1345

ΧΟ.   Δείλαιε τοῦ νοῦ τῆς τε συμφορᾶς ἴσον,
      ὥς σ' ἠθέλησα μηδαμᾶ γνῶναί ποτ' ἄν,

ΟΙ.   Ὄλοιθ' ὅστις ἦν ὃς ἀγρίας πέδας   Ant. 2.
      νομάδος ἐπὶ πόας ἔλαβέ μ' ἀπό τε φόνου   1350
      ἔρυτο κἀνέσωσεν, οὐ-
         δὲν εἰς χάριν πράσσων.

LE CHŒUR. – Nul assurément ne sera surpris qu'au milieu de telles épreuves tu aies double deuil, double douleur à porter.

ŒDIPE. (Antistrophe 1) – *Ah ! mon ami, tu restes donc encore, toi seul, à mes côtés ? Tu consens donc encore à soigner un aveugle ?*
Ah ! ce n'est pas un leurre : du fond de mes ténèbres, très nettement, je reconnais ta voix.
LE CHŒUR. – Oh ! qu'as-tu fait ? Comment as-tu donc pu détruire tes prunelles ? Quel dieu poussa ton bras ?

ŒDIPE. (Strophe 2) – *Apollon, mes amis ! oui, c'est Apollon qui m'inflige à cette heure ces atroces, ces atroces disgrâces qui sont mon lot, mon lot désormais. Mais aucune autre main n'a frappé que la mienne, la mienne, malheureux !*
Que pouvais-je encore voir dont la vue pour moi eût quelque douceur ?
LE CHŒUR. – Las ! il n'est que trop vrai !
ŒDIPE. – *Oui, que pouvais-je voir qui me pût satisfaire ? Est-il un appel encore que je puisse entendre avec joie ?*
Ah ! emmenez-moi loin de ces lieux bien vite ! emmenez, mes amis, l'exécrable fléau, le maudit entre les maudits, l'homme qui parmi les hommes est le plus abhorré des dieux !
LE CHŒUR. – Ton âme te torture autant que ton malheur. Comme j'aurais voulu que tu n'eusses rien su !

ŒDIPE. (Antistrophe 2) – *Ah ! quel qu'il fût, maudit soit l'homme qui, sur l'herbe d'un pâturage, me prit par ma cruelle entrave, me sauva de la mort, me rendit à la vie ! Il ne fit rien là qui dût me servir.*

    Τότε γὰρ ἂν θανὼν
    οὐκ ἦν φίλοισιν οὐδ' ἐμοὶ τοσόνδ' ἄχος.   1355

ΧΟ.   Θέλοντι κἀμοὶ τοῦτ' ἂν ἦν.

ΟΙ.   Οὔκουν πατρός γ' ἂν φονεὺς
    ἦλθον, οὐδὲ νυμφίος
    βροτοῖς ἐκλήθην ὧν ἔφῦν ἄπο.
    Νῦν δ' ἄθεος μέν εἰμ', ἀνοσίων δὲ παῖς,   1360
    ὁμογενὴς δ' ἀφ' ὧν αὐτὸς ἔφῦν τάλᾱς.
    Εἰ δέ τι πρεσβύτερον
    ἔτι κακοῦ κακόν, τοῦτ' ἔλαχ' Οἰδίπους.   1365

ΧΟ.   Οὐκ οἶδ' ὅπως σε φῶ βεβουλεῦσθαι καλῶς.
    κρείσσων γὰρ ἦσθα μηκέτ' ὢν ἢ ζῶν τυφλός.

ΟΙ.   'Ως μὲν τάδ' οὐχ ὧδ' ἔστ' ἄριστ' εἰργασμένα,
    μή μ' ἐκδίδασκε, μηδὲ συμβούλευ' ἔτι.   1370
    'Εγὼ γὰρ οὐκ οἶδ' ὄμμασιν ποίοις βλέπων
    πατέρα ποτ' ἂν προσεῖδον εἰς "Αιδου μολών,
    οὐδ' αὖ τάλαιναν μητέρ', οἶν ἐμοὶ δυοῖν
    ἔργ' ἐστὶ κρείσσον' ἀγχόνης εἰργασμένα.
    'Αλλ' ἡ τέκνων δῆτ' ὄψις ἦν ἐφίμερος,   1375
    βλαστοῦσ' ὅπως ἔβλαστε, προσλεύσσειν ἐμοί ;
    Οὐ δῆτα τοῖς γ' ἐμοῖσιν ὀφθαλμοῖς ποτε·
    οὐδ' ἄστυ γ', οὐδὲ πύργος, οὐδὲ δαιμόνων
    ἀγάλμαθ' ἱερά, τῶν ὁ παντλήμων ἐγὼ
    κάλλιστ' ἀνὴρ εἷς ἔν γε ταῖς Θήβαις τραφεὶς   1380
    ἀπεστέρησ' ἐμαυτόν, αὐτὸς ἐννέπων
    ὠθεῖν ἅπαντας τὸν ἀσεβῆ, τὸν ἐκ θεῶν
    φανέντ' ἄναγνον καὶ γένους τοῦ Λαΐου.
    Τοιάνδ' ἐγὼ κηλῖδα μηνύσᾱς ἐμὴν
    ὀρθοῖς ἔμελλον ὄμμασιν τούτους ὁρᾶν ;   1385
    "Ηκιστά γ'· ἀλλ' εἰ τῆς ἀκουούσης ἔτ' ἦν
    πηγῆς δι' ὤτων φραγμός, οὐκ ἂν ἐσχόμην
    τὸ μἀποκλῆσαι τοὐμὸν ἄθλιον δέμας,

Si j'étais mort à ce moment, ni pour moi ni pour les miens je ne fusse devenu l'affreux chagrin que je suis aujourd'hui.

LE CHŒUR. – Moi aussi, cela eût été mon vœu.

ŒDIPE. – *Je n'eusse pas été l'assassin de mon père ni aux yeux de tous les mortels l'époux de celle à qui je dois le jour ;*

tandis qu'à cette heure, je suis un sacrilège, fils de parents impies, qui a lui-même des enfants de la mère dont il est né ! S'il existe un malheur au-delà du malheur, c'est là le lot d'Œdipe !

LE CHŒUR. – Je ne sais vraiment pas comment justifier ta résolution. Mieux valait pour toi ne plus vivre que vivre aveugle à jamais.

ŒDIPE. – Ah ! ne me dis pas que ce que j'ai fait n'était pas le mieux que je pusse faire ! Épargne-moi et leçons et conseils !... Et de quels yeux, descendu aux Enfers, eussé-je pu, si j'y voyais, regarder mon père et ma pauvre mère, alors que j'ai sur tous les deux commis des forfaits plus atroces que ceux pour lesquels on se pend ? Est-ce la vue de mes enfants qui aurait pu m'être agréable ? – des enfants nés comme ceux-ci sont nés ! Mes yeux, à moi, du moins ne les reverront pas, non plus que cette ville, ces murs, ces images sacrées de nos dieux, dont je me suis exclu moi-même, infortuné, moi, le plus glorieux des enfants de Thèbes, le jour où j'ai donné l'ordre formel à tous de repousser le sacrilège, celui que les dieux mêmes ont révélé impur, l'enfant de Laïos ! Et après avoir de la sorte dénoncé ma propre souillure, j'aurais pu les voir sans baisser les yeux ? Non, non ! Si même il m'était possible de barrer au flot des sons la route de mes oreilles, rien ne m'empêcherait alors de verrouiller[76] mon pauvre corps, en le rendant

76. Œdipe s'est déjà verrouillé les yeux, empêchant ses regards de souiller la lumière du jour. Il s'est aussi enfermé, emmuré dans sa honte et son malheur. Il ne lui manque plus que le silence.

ἵν' ᾖ τυφλός τε καὶ κλύων μηδέν· τὸ γὰρ
τὴν φροντίδ' ἔξω τῶν κακῶν οἰκεῖν γλυκύ.   1390
'Ιὼ Κιθαιρών, τί μ' ἐδέχου ; τί μ' οὐ λαβὼν
ἔκτεινας εὐθύς, ὡς ἔδειξα μήποτε
ἐμαυτὸν ἀνθρώποισιν ἔνθεν ἦ γεγώς ;
ὮΩ Πόλυβε καὶ Κόρινθε καὶ τὰ πάτρια
λόγῳ παλαιὰ δώμαθ', οἷον ἆρά με   1395
κάλλος κακῶν ὕπουλον ἐξεθρέψατε·
νῦν γὰρ κακός τ' ὢν κᾆκ κακῶν εὑρίσκομαι.
ὮΩ τρεῖς κέλευθοι καὶ κεκρυμμένη νάπη,
δρυμός τε καὶ στενωπὸς ἐν τριπλαῖς ὁδοῖς,
αἳ τοὐμὸν αἷμα τῶν ἐμῶν χειρῶν ἄπο   1400
ἐπίετε πατρός, ἆρά μου μέμνησθ' ὅτι
οἷ' ἔργα δράσας ὑμὶν εἶτα δεῦρ' ἰὼν
ὁποῖ' ἔπρᾱσσον αὖθις ; ὮΩ γάμοι, γάμοι,
ἐφύσαθ' ἡμᾶς, καὶ φυτεύσαντες πάλιν
ἀνεῖτε ταὐτὸν σπέρμα, κᾱπεδείξατε   1405
πατέρας, ἀδελφούς, παῖδας, αἷμ' ἐμφύλιον,
νύμφᾱς γυναῖκας μητέρας τε, χὠπόσα
αἴσχιστ' ἐν ἀνθρώποισιν ἔργα γίγνεται.
'Αλλ', οὐ γὰρ αὐδᾶν ἔσθ' ἃ μηδὲ δρᾶν καλόν,
ὅπως τάχιστα, πρὸς θεῶν, ἔξω μέ που   1410
καλύψατ', ἢ φονεύσατ', ἢ θαλάσσιον
ἐκρῑψατ', ἔνθα μήποτ' εἰσόψεσθ' ἔτι.
Ἴτ', ἀξιώσατ' ἀνδρὸς ἀθλίου θιγεῖν·
πίθεσθε, μὴ δείσητε· τᾱμὰ γὰρ κακὰ
οὐδεὶς οἷός τε πλὴν ἐμοῦ φέρειν βροτῶν.   1415

aveugle et sourd tout à la fois. Il est si doux à l'âme de vivre hors de ses maux !... Ah ! Cithéron, pourquoi donc m'as-tu recueilli ? Que ne m'as-tu plutôt saisi et tué sur l'heure ! Je n'eusse pas ainsi dévoilé aux humains de qui j'étais sorti... Ô Polybe, ô Corinthe, et toi, palais antique, toi qu'on disait le palais de mon père, sous tous ces beaux dehors, quel chancre malfaisant vous nourrissiez en moi ! J'apparais aujourd'hui ce que je suis en fait : un criminel, issu de criminels... Ô double chemin ! val caché ! bois de chênes ! ô étroit carrefour où se joignent deux routes ! vous qui avez bu le sang de mon père versé par mes mains, avez-vous oublié les crimes que j'ai consommés sous vos yeux, et ceux que j'ai plus tard commis ici encore ? Hymen, hymen à qui je dois le jour, qui, après m'avoir enfanté, as une fois de plus fait lever la même semence et qui, de la sorte, as montré au monde des pères, frères, enfants, tous de même sang ! des épousées à la fois femmes et mères – les pires hontes des mortels... Non, non ! Il est des choses qu'il n'est pas moins honteux d'évoquer que de faire. Vite, au nom des dieux, vite, cachez-moi quelque part, loin d'ici ; tuez-moi, jetez-moi à la mer ou en des lieux du moins où l'on ne me voie plus... Venez, daignez toucher un malheureux. Ah ! croyez-moi, n'ayez pas peur : mes maux à moi, il n'est point d'autre mortel qui soit fait pour les porter.

ΧΟ.   Ἀλλ' ὧν ἐπαιτεῖς ἐς δέον πάρεσθ' ὅδε
      Κρέων τὸ πράσσειν καὶ τὸ βουλεύειν, ἐπεὶ
      χώρας λέλειπται μοῦνος ἀντὶ σοῦ φύλαξ.

ΟΙ.   Οἴμοι, τί δῆτα λέξομεν πρὸς τόνδ' ἔπος;
      τίς μοι φανεῖται πίστις ἔνδικος; τὰ γὰρ   1420
      πάρος πρὸς αὐτὸν πάντ' ἐφεύρημαι κακός.

ΚΡ.   Οὔθ' ὡς γελαστής, Οἰδίπους, ἐλήλυθα,
      οὔθ' ὡς ὀνειδιῶν τι τῶν πάρος κακῶν.
      Ἀλλ' εἰ τὰ θνητῶν μὴ καταισχύνεσθ' ἔτι
      γένεθλα, τὴν γοῦν πάντα βόσκουσαν φλόγα   1425
      αἰδεῖσθ' ἄνακτος Ἡλίου, τοιόνδ' ἄγος
      ἀκάλυπτον οὕτω δεικνύναι, τὸ μήτε γῆ
      μήτ' ὄμβρος ἱερὸς μήτε φῶς προσδέξεται.
      Ἀλλ' ὡς τάχιστ' ἐς οἶκον ἐσκομίζετε·
      τοῖς ἐν γένει γὰρ τἀγγενῆ μάλισθ' ὁρᾶν   1430
      μόνοις τ' ἀκούειν εὐσεβῶς ἔχει κακά.

ΟΙ.   Πρὸς θεῶν, ἐπείπερ ἐλπίδος μ' ἀπέσπασας,
      ἄριστος ἐλθὼν πρὸς κάκιστον ἄνδρ' ἐμέ,
      πιθοῦ τί μοι· πρὸς σοῦ γάρ, οὐδ' ἐμοῦ, φράσω.

ΚΡ.   Καὶ τοῦ με χρείας ὧδε λιπαρεῖς τυχεῖν;   1435

ΟΙ.   Ῥῖψόν με γῆς ἐκ τῆσδ' ὅσον τάχισθ', ὅπου
      θνητῶν φανοῦμαι μηδενὸς προσήγορος.

ΚΡ.   Ἔδρασ' ἄν, εὖ τοῦτ' ἴσθ', ἄν, εἰ μὴ τοῦ θεοῦ
      πρώτιστ' ἔχρῃζον ἐκμαθεῖν τί πρακτέον.

ΟΙ.   Ἀλλ' ἥ γ' ἐκείνου πᾶσ' ἐδηλώθη φάτις,   1440
      τὸν πατροφόντην, τὸν ἀσεβῆ μ' ἀπολλύναι.

ΚΡ.   Οὕτως ἐλέχθη ταῦθ'· ὅμως δ', ἵν' ἕσταμεν
      χρείας, ἄμεινον ἐκμαθεῖν τί δραστέον.

77. Créon souhaite enfermer Œdipe. Il ne doit pas être en contact
avec les éléments, qu'il souillerait par sa seule présence. Même s'il ne

LE CHŒUR. – Mais, pour répondre à tes demandes, Créon arrive à propos. Il est désigné pour agir autant que pour te conseiller, puisqu'il reste seul à veiller à ta place sur notre pays.

Arrive Créon.

ŒDIPE. – Las ! que dois-je lui dire ? Quelle confiance puis-je donc normalement lui inspirer ? Ne me suis-je pas naguère montré en tout cruel à son endroit ?

CRÉON. – Je ne viens point ici pour te railler, Œdipe ; moins encore pour te reprocher tes insultes de naguère. Mais vous autres, si vous n'avez plus de respect pour la race des humains, respectez tout au moins le feu qui nourrit ce monde ; rougissez d'exposer sans voile à ses rayons un être aussi souillé, que ne sauraient admettre ni la terre, ni l'eau sainte, ni la lumière du jour. Allez, renvoyez-le au plus vite chez lui[77]. C'est aux parents seuls que la pitié laisse le soin de voir et d'écouter des parents en peine.

ŒDIPE. – Au nom des dieux, puisque tu m'as tiré de crainte, en venant, toi, ô le meilleur des hommes, vers le plus méchant des méchants, écoute-moi. Je veux te parler dans ton intérêt, et non dans le mien.

CRÉON. – Et quelle est la requête pour laquelle tu me presses ainsi ?

ŒDIPE. – Jette-moi hors de ce pays, et au plus tôt, dans des lieux où personne ne m'adresse plus la parole.

CRÉON. – Je l'eusse fait, sois-en bien sûr, si je n'avais voulu savoir d'abord du dieu où était mon devoir.

ŒDIPE. – Mais le dieu a déjà publié sa sentence : pour l'assassin, pour l'impie que je suis, c'est la mort.

CRÉON. – Ce sont bien ses paroles ; mais, dans la détresse où nous sommes, mieux vaut pourtant nous assurer de ce qui est notre devoir.

---

souille plus le monde par son regard, il reçoit encore les rayons du soleil et les regards des autres.

ΟΙ.   Οὕτως ἄρ' ἀνδρὸς ἀθλίου πεύσεσθ' ὕπερ ;

ΚΡ.   Καὶ γὰρ σὺ νῦν τᾶν τῷ θεῷ πίστιν φέροις.   1445

ΟΙ.   Καὶ σοί γ' ἐπισκήπτω τε καὶ προστρέψομαι·
       τῆς μὲν κατ' οἴκους αὐτὸς ὃν θέλεις τάφον
       θοῦ· καὶ γὰρ ὀρθῶς τῶν γε σῶν τελεῖς ὕπερ·
       ἐμοῦ δὲ μήποτ' ἀξιωθήτω τόδε
       πατρῷον ἄστυ ζῶντος οἰκητοῦ τυχεῖν·   1450
       ἀλλ' ἔα με ναίειν ὄρεσιν, ἔνθα κλῄζεται
       οὑμὸς Κιθαιρὼν οὗτος, ὃν μήτηρ τέ μοι
       πατήρ τ' ἐθέσθην ζῶντε κύριον τάφον,
       ἵν' ἐξ ἐκείνων οἵ μ' ἀπωλλύτην, θάνω.
       Καίτοι τοσοῦτόν γ' οἶδα, μήτε μ' ἂν νόσον   1455
       μήτ' ἄλλο πέρσαι μηδέν· οὐ γὰρ ἄν ποτε
       θνῄσκων ἐσώθην, μὴ 'πί τῳ δεινῷ κακῷ.
       Ἀλλ' ἡ μὲν ἡμῶν μοῖρ' ὅποιπερ εἶσ' ἴτω·
       παίδων δὲ τῶν μὲν ἀρσένων μή μοι, Κρέων,
       προσθῇ μέριμναν· ἄνδρες εἰσίν, ὥστε μὴ   1460
       σπάνιν ποτὲ σχεῖν, ἔνθ' ἂν ὦσι, τοῦ βίου·
       ταῖν δ' ἀθλίαιν οἰκτραῖν τε παρθένοιν ἐμαῖν,
       αἷν οὔποθ' ἡμὴ χωρὶς ἐστάθη βορᾶς
       τράπεζ' ἄνευ τοῦδ' ἀνδρός, ἀλλ' ὅσων ἐγὼ
       ψαύοιμι, πάντων τῶνδ' ἀεὶ μετειχέτην·   1465
       αἷν μοι μέλεσθαι· καὶ μάλιστα μὲν χεροῖν
       ψαῦσαί μ' ἔασον κἀποκλαύσασθαι κακά.
       Ἴθ', ὦναξ,
       ἴθ', ὦ γονῇ γενναῖε· χεροὶ τἂν θιγὼν
       δοκοῖμ' ἔχειν σφᾶς, ὥσπερ ἡνίκ' ἔβλεπον.   1470
       Τί φημί ;
       οὐ δὴ κλύω που, πρὸς θεῶν, τοῖν μοι φίλοιν
       δακρυρροούντοιν, καί μ' ἐποικτίρας Κρέων
       ἔπεμψέ μοι τὰ φίλτατ' ἐγγόνοιν ἐμοῖν ;
       λέγω τι ;   1475

ŒDIPE. – Eh quoi ! pour un malheureux vous iriez consulter encore ?

CRÉON. – C'est justement pour que toi-même tu en croies cette fois le dieu.

ŒDIPE. – Je l'en crois ; et, à mon tour, je t'adresse mes derniers vœux. À celle qui est là, au fond de ce palais, va, fais les funérailles que tu désireras : il est bien dans ton rôle de t'occuper des tiens. Mais pour moi, tant que je vivrai, que jamais cette ville, la ville de mes pères, ne me soit donnée pour séjour ! Laisse-moi bien plutôt habiter les montagnes, ce Cithéron qu'on dit mon lot. Mon père et ma mère, de leur vivant même, l'avaient désigné pour être ma tombe : je mourrai donc ainsi par ceux-là qui voulaient ma mort. Et pourtant, je le sais, ni la maladie ni rien d'autre au monde ne peuvent me détruire : aurais-je été sauvé à l'heure où je mourais, si ce n'avait été pour quelque affreux malheur ? N'importe : que mon destin, à moi, suive sa route ! Mais j'ai mes enfants... De mes fils, Créon, ne prends pas souci. Ce sont des hommes : où qu'ils soient, ils ne manqueront pas de pain. Mais de mes pauvres et pitoyables filles, sans qui jamais on ne voyait dressée la table où je mangeais, et qui toujours avaient leur part de tous les plats que je goûtais, de celles-là je t'en supplie, prends soin !... Et surtout, laisse-moi les palper de mes mains, tout en pleurant sur nos misères. Ah ! prince, noble et généreux prince, si mes mains les touchaient seulement, je croirais encore les avoir à moi, tout comme au temps où j'y voyais... Mais que dis-je ? Ô dieux ! n'entends-je pas ici mes deux filles qui pleurent ? Créon, pris de pitié, m'aurait-il envoyé ce que j'ai de plus cher, mes deux enfants ? Dis-je vrai ?

Antigone et Ismène s'approchent.

ΚΡ. Λέγεις· ἐγὼ γάρ εἰμ' ὃ πορσῦνᾶς τάδε,
γνοὺς τὴν παροῦσαν τέρψιν, ἥ σ' εἶχεν πάλαι.

ΟΙ. Ἀλλ' εὐτυχοίης, καί σε τῆσδε τῆς ὁδοῦ
δαίμων ἄμεινον ἢ 'μὲ φρουρήσᾶς τύχοι.
Ὦ τέκνα, ποῦ ποτ' ἐστέ ; δεῦρ' ἴτ', ἔλθετε   1480
ὡς τᾶς ἀδελφᾶς τᾶσδε τᾶς ἐμᾶς χέρας,
αἳ τοῦ φυτουργοῦ πατρὸς ὑμῖν ὧδ' ὁρᾶν
τὰ πρόσθε λαμπρὰ προὐξένησαν ὄμματα·
ὃς ὑμίν, ὦ τέκν', οὔθ' ὁρῶν οὔθ' ἱστορῶν,
πατὴρ ἐφάνθην ἔνθεν αὐτὸς ἠρόθην.   1485
Καὶ σφὼ δακρύω, προσβλέπειν γὰρ οὐ σθένω,
νοούμενος τὰ λοιπὰ τοῦ πικροῦ βίου,
οἷον βιῶναι σφὼ πρὸς ἀνθρώπων χρεών.
Ποίᾶς γὰρ ἀστῶν ἥξετ' εἰς ὁμῖλίᾶς,
ποίᾶς δ' ἑορτᾶς, ἔνθεν οὐ κεκλαυμέναι   1490
πρὸς οἶκον ἵξεσθ' ἀντὶ τῆς θεωρίᾶς ;
Ἀλλ' ἡνίκ' ἂν δὴ πρὸς γάμων ἥκητ' ἀκμᾶς,
τίς οὗτος ἔσται, τίς παραρρίψει, τέκνα,
τοιαῦτ' ὀνείδη λαμβάνων ἃ τοῖς ἐμοῖς
γονεῦσιν ἔσται σφῷν θ' ὁμοῦ δηλήματα ;   1495
Τί γὰρ κακῶν ἄπεστι ; τὸν πατέρα πατὴρ
ὑμῶν ἔπεφνεν· τὴν τεκοῦσαν ἤροσεν,
ὅθεν περ αὐτὸς ἐσπάρη, κἀκ τῶν ἴσων
ἐκτήσαθ' ὑμᾶς, ὧνπερ αὐτὸς ἐξέφῦ.
Τοιαῦτ' ὀνειδιεῖσθε. Κᾆτα τίς γαμεῖ ;   1500
οὐκ ἔστιν οὐδείς, ὦ τέκν', ἀλλὰ δηλαδὴ
χέρσους φθαρῆναι κἀγάμους ὑμᾶς χρεών.
Ὦ παῖ Μενοικέως, ἀλλ' ἐπεὶ μόνος πατὴρ
ταύταιν λέλειψαι, νὼ γάρ, ὣ 'φυτεύσαμεν,

CRÉON. – Vrai. C'est bien moi qui t'ai ménagé cette joie, dont je savais que la pensée depuis un moment t'obsédait.

ŒDIPE. – Le bonheur soit donc avec toi ! et, pour te payer de cette venue, puisse un dieu te sauvegarder, et mieux qu'il n'a fait moi-même ! – Ô mes enfants, où donc êtes-vous ? venez, venez vers ces mains fraternelles, qui ont fait ce que vous voyez de ces yeux tout pleins de lumière du père dont vous êtes nées ! ce père, mes enfants qui, sans avoir rien vu, rien su, s'est révélé soudain comme vous ayant engendrées dans le sein où lui-même avait été formé !... Sur vous aussi, je pleure – puisque je ne suis plus en état de vous voir –, je pleure, quand je songe combien sera amère votre vie à venir et quel sort vous feront les gens. À quelles assemblées de votre cité, à quelles fêtes pourrez-vous bien aller, sans retourner chez vous en larmes, frustrées du spectacle attendu ? Et, quand vous atteindrez l'heure du mariage, qui voudra, qui osera se charger de tous ces opprobres faits pour ruiner votre existence, comme ils ont fait pour mes propres parents ? Est-il un crime qui y manque ? Votre père a tué son père ; il a fécondé le sein d'où lui-même était sorti ; il vous a eues de celle même dont il était déjà issu : voilà les hontes qu'on vous reprochera ! Qui, dès lors, vous épousera ? Personne, ô mes enfants, et sans doute vous faudra-t-il vous consumer alors dans la stérilité et dans la solitude. Ô fils de Ménécée, puisque tu restes seul pour leur servir de père – nous, leur père et leur mère, sommes morts tous les deux – ne laisse pas

ὀλώλαμεν δύ' ὄντε, μή σφε περιίδῃς 1505
πτωχὰς ἀνάνδρους ἐγγενεῖς ἀλωμένας,
μηδ' ἐξισώσῃς τάσδε τοῖς ἐμοῖς κακοῖς.
'Αλλ' οἴκτισόν σφᾶς, ὧδε τηλικάσδ' ὁρῶν
πάντων ἐρήμους, πλὴν ὅσον τὸ σὸν μέρος.
Ξύννευσον, ὦ γενναῖε, σῇ ψαύσας χερί. 1510
Σφῷν δ', ὦ τέκν', εἰ μὲν εἰχέτην ἤδη φρένας,
πόλλ' ἂν παρῄνουν· νῦν δὲ τοῦτ' εὔχεσθέ μοι
οὗ καιρὸς ἐᾷ ζῆν, τοῦ βίου δὲ λῴονος
ὑμᾶς κυρῆσαι τοῦ φυτεύσαντος πατρός.

KP.   "Αλις ἵν' ἐξήκεις δακρύων· ἀλλ' ἴθι στέγης ἔσω. 1515
ΟΙ.   Πειστέον, κεἰ μηδὲν ἡδύ.
KP.   Πάντα γὰρ καιρῷ καλά.
ΟΙ.   Οἶσθ' ἐφ' οἷς οὖν εἶμι ;
KP.   Λέξεις, καὶ τότ' εἴσομαι κλύων.
ΟΙ.   Γῆς μ' ὅπως πέμψεις ἄποικον.
KP.   Τοῦ θεοῦ μ' αἰτεῖς δόσιν.
ΟΙ.   'Αλλὰ θεοῖς γ' ἔχθιστος ἥκω.
KP.   Τοιγαροῦν τεύξῃ τάχα.
ΟΙ.   Φῄς τάδ' οὖν ;
KP.   ᾿Α μὴ φρονῶ γὰρ οὐ φιλῶ λέγειν μάτην. 1520
ΟΙ.   ῎Απαγέ νύν μ' ἐντεῦθεν ἤδη.
KP.   Στεῖχέ νυν, τέκνων δ' ἀφοῦ.
ΟΙ.   Μηδαμῶς ταύτας γ' ἕλῃ μου.
KP.   Πάντα μὴ βούλου κρατεῖν·
καὶ γὰρ ἀκράτησας οὔ σοι τῷ βίῳ ξυνέσπετο.

---

78 À partir de là, le dialogue se change en récitatif, les iambes en trochées : Créon et Œdipe s'expriment en tétramètres trochaïques cata-lectiques, occasion d'une hémistichomythie ; puis le Chœur conclut dans le même mètre sur la destinée humaine.

des filles de ton sang errer sans époux, mendiant leur pain. Ne fais point leur malheur égal à mon malheur. Prends pitié d'elles, en les voyant si jeunes, abandonnées de tous, si tu n'interviens pas. Donne-m'en ta parole, prince généreux, en me touchant la main... *(Créon lui donne la main.)* Ah ! que de conseils, mes enfants, si vous étiez d'âge à comprendre, j'aurais encore à vous donner ! Pour l'instant, croyez-moi, demandez seulement aux dieux, où que le sort vous permette de vivre, d'y trouver une vie meilleure que celle du père dont vous êtes nées.

Tétramètres[78]

CRÉON. – Tu as assez pleuré, rentre dans la maison.

ŒDIPE. – Je ne puis qu'obéir, même s'il m'en coûte.

CRÉON. – Ce qu'on fait quand il faut est toujours bien fait.

ŒDIPE. – Sais-tu mes conditions pour m'éloigner d'ici ?

CRÉON. – Dis-les moi, et je les saurai.

ŒDIPE. – Veille à me faire mener hors du pays.

CRÉON. – La réponse appartient au dieu.

ŒDIPE. – Mais je fais horreur aux dieux désormais.

CRÉON. – Eh bien ! alors tu l'obtiendras sans doute.

ŒDIPE. – Ainsi tu consens ?

CRÉON. – Je n'ai pas l'habitude de parler contre ma pensée.

ŒDIPE. – Emmène-moi donc tout de suite.

CRÉON. – Viens alors, et laisse tes filles[79].

ŒDIPE. – Non, pas elles ! non, ne me les enlève pas !

CRÉON. – Ne prétends donc pas triompher toujours : tes triomphes n'ont pas accompagné ta vie.

---

79. Petit jeu de scène dirigé par Créon, qui marque symboliquement le retour à l'ordre et à la séparation des générations.

ΧΟ.   Ὦ πάτρας Θήβης ἔνοικοι, λεύσσετ᾽, Οἰδίπους ὅδε,
      ὃς τὰ κλείν᾽ αἰνίγματ᾽ ᾔδει καὶ κράτιστος ἦν ἀνήρ,
      οὗ τίς οὐ ζήλῳ πολιτῶν ἦν τύχαις ἐπιβλέπων,   1526
      εἰς ὅσον κλύδωνα δεινῆς συμφορᾶς ἐλήλυθεν,
      ὥστε θνητὸν ὄντ᾽ ἐκείνην τὴν τελευταίαν ἰδεῖν
      ἡμέραν ἐπισκοποῦντα μηδέν᾽ ὀλβίζειν, πρὶν ἂν
      τέρμα τοῦ βίου περάσῃ μηδὲν ἀλγεινὸν παθών.   1530

On fait rentrer Œdipe dans le palais.

LE CHŒUR. – Regardez, habitants de Thèbes, ma patrie. Le voilà, cet Œdipe, cet expert en énigmes fameuses, qui était devenu le premier des humains. Personne dans sa ville ne pouvait contempler son destin sans envie. Aujourd'hui, dans quel flot d'effrayante misère est-il précipité ! C'est donc ce dernier jour qu'il faut, pour un mortel, toujours considérer. Gardons-nous d'appeler jamais un homme heureux, avant qu'il ait franchi le terme de sa vie sans avoir subi un chagrin.

Sources, oracles, énigmes*

Oracle de la Pythie à Laïos

Ô Labdacide Laïos, tu veux une heureuse race ?
Je te donnerai donc un fils. Mais le sort te condamne
à quitter la lumière du jour par sa main. Le Cronide
Zeus l'a voulu, écoutant Pélops aux menaces haineuses
dont tu as violé le fils : car telle est sa prière.

Manuscrits d'*Œdipe Roi*.

Naissance de la (S)phi(n)x

Elle (Échidna) conçut aussi d'Orthos la Phix lamentable,
Ruine des Cadméens, et le lion de Némée, ce monstre
Que l'épouse de Zeus éleva, Héra la fameuse,
Établissant sur les monts néméens ce fléau pour les hommes.

Hésiode, *Théogonie*, 326 et suivants.

L'énigme de la Sphinx

Il est un être à deux pieds, trois pieds, quatre pieds sur la terre,

---

* Traduits par Philippe Brunet.

mais une seule voix : il est seul à changer de nature
parmi les êtres qui vont sur la terre, dans l'air, dans les vagues :
lorsque prenant appui sur le plus de pieds il chemine,
c'est alors que la rapidité de son corps est la moindre.

Anthologie Palatine XIV, 64.

Réponse à l'énigme

Sache bon gré mal gré, ô Muse à l'aile maudite,
  la réponse que je   fais à l'énigme : en un mot,
l'homme, c'est lui, qui tout juste sorti des flancs de sa mère,
  rampe tout enfant,   a quatre pieds sur le sol.
Devenu vieux, il s'appuie sur un troisième pied, une canne,
  et il courbe un dos   appesanti par les ans.

Manuscrit des *Phéniciennes* d'Euripide.

Ulysse aux Enfers

Puis d'Œdipe je vis la mère, la belle Épicaste,
qui commit un crime par inconscience de l'âme :
elle s'unit à son fils ; celui-ci, ayant tué son père,
l'épousa. Mais les dieux toutefois levèrent le voile.
Il régna sur les Cadméens, dans Thèbes charmante,
par volonté funeste des dieux, rencontrant des souffrances.
Elle s'en fut dans l'Hadès à la porte solide, robuste,
se pendant au plafond élevé par la corde brutale,
dans sa douleur, laissant à son fils provision de souffrances :
tout ce qu'accomplissent les Érinyes d'une mère.

Homère, *Odyssée* XI, 271-280.

Histoire moderne d'*Œdipe Roi*

1502 : *editio princeps* des *Sept tragédies de Sophocle*, par Alde Manuce, Venise.

1585 : *Edipo Tiranno*, traduit par Orsatto Giustiniani, joué pour l'inauguration du Teatro Olimpico de Palladio à Vicence.

1659 : à l'Hôtel de Bourgogne, *Œdipe*, tragédie de Corneille.

1692 : André Dacier, *Œdipe et Électre de Sophocle, tragédies grecques traduites en français avec des remarques*.

1718 : *Œdipe*, tragédie de Voltaire en 5 actes et en vers.

1804 : traduction allemande d'*Œdipe Roi* et d'*Antigone*, avec des *Remarques* sur l'une et l'autre pièce, par Fr. Hölderlin.

1858 : *Œdipe Roi* de Jules Lacroix, au Théâtre français.

1881 : reprise avec Mounet-Sully dans le rôle d'Œdipe.

1900 : S. Freud, *L'Interprétation des rêves*.

1927 : *Œdipus Rex*, oratorio d'I. Stravinski et J. Cocteau, livret traduit en latin par J. Daniélou, au Théâtre Sarah-Bernhardt.

1932 : *Œdipe* d'André Gide, Paris, Théâtre de l'Avenue, mise en scène et décor de G. Pitoeff, drapés, tuniques, sandales, têtes et visages nus, une porte en fond de scène, avec un escalier étroit qui monte.

1934 : *La Machine Infernale* de Jean Cocteau créé au Théâtre Louis Jouvet (comédie des Champs-Élysées).

1936 : à l'Opéra, tragédie lyrique de George Enesco, livret d'Edmond Fleg, décors d'André Boll.

1936 : *La Machine infernale* de Cocteau, Théâtre Antoine, décor : Christian Bérard.

1937 : *Œdipe Roi*, tragédie en un acte de Jean Cocteau, adaptation libre d'après Sophocle, au Nouveau Théâtre Antoine, avec Jean Marais, trois choreutes, mise en scène et costumes de J. Cocteau, décor de Guillaume Monin.

1946 : Angleterre, à l'Old Vic avec Laurence Olivier.

1947 : Théâtre des Champs-Elysées, mise en scène de Jean Doat (traduction de P. Mazon, adaptée par André Obey), décor de Picasso, musique d'Arthur Honegger pour ondes Martenot, costumes de François Ganeau, avec le comédien Pierre Blanchar (1896-1963).

1949 : adaptation d'André Gide, mise en scène de Jean Vilar, décors et costumes de Gischia, Ve Festival d'Avignon.

1952 : adaptation de Thierry-Maulnier, musique d'Arthur Honegger, décors de Wakhevitch, Comédie Française.

1952 : *Œdipus Rex* de Jean Cocteau et Igor Stravinski, au théâtre des Champs-Élysées.

1953 : à l'Opéra de Stuttgart (Vienne, 1961), tragédie lyrique de Carl Orff, d'après la traduction de Hölderlin.

1954 : Rome, mise en scène de Vittorio Gasmann, traduction de P. P. Pasolini.

1955 : Festival de Hollande, mise en scène de Johan de Meester.

1955 : adaptation d'A. Bonnard, mise en scène de Pasquier, avec le Centre dramatique roman de Lausanne.

1958 : au Théâtre des Nations, mise en scène d'Alexis Minotis, avec le Théâtre National d'Athènes.

1962 : Théâtre Récamier, *Œdipe Roi*, texte français et mise en scène de Jean Gillibert.

1967 (sortie en France, 1968) : Festival de Venise, *Edipo Re*, film italo-marocain (1h47) de Pier Paolo Pasolini, images de Giuseppe Ruzzolini, avec Franco Citti en Œdipe, Silvana Mangano en Jocaste, Alida Valli, Julian Beck et Carmelo Bene en Mérope, Tirésias et Créon.

1967 : Berlin, *Ödipus Tyrann* de Fr. Hölderlin d'après Sophocle, scénographie et costumes de Horst Sagert, pantomime de Brigitte Soubeyran.

1969 : Alliance Française, adaptation de Jean Cocteau, mise en scène et jouée par Jean Marais.

1970 : Théâtre de la Ville, adaptation de Vercors, mise en scène de Rafaël Rodriguez.

1972 : Œdipe, *Œdipe Roi et Œdipe à Colone*, Comédie Française, texte français de Jacques Lacarrière, mise en scène de Jean-Paul Roussillon.

1978 : Jean Anouilh, *Œdipe ou le roi boiteux.*

1981 : Théâtre National d'Athènes, mise en scène de T. Mousenidis, avec Manos Katrakis.

1988 : Burgtheater de Vienne, *Ödipus, Tyrann*, adaptation par Heiner Müller à partir de la traduction de Hölderlin, mise en scène de Matthias Langhoff.

1989 : *Œdipe Tyran*, Festival d'Avignon, traduction de Bernard Chartreux, mise en scène de Jean-Pierre Vincent.

1998 : *Le Sang des Labdacides (Laïos et Œdipe Roi)*, mise en scène de Farid Paya, Théâtre du Lierre.

Bibliographie

Sophocle, tome II, *Ajax, Œdipe Roi, Électre*, texte établi par A. Dain et traduit par P. Mazon, huitième tirage revu et corrigé par J. Irigoin, Collection des Universités de France, Paris, Les Belles Lettres, 1994 (1re éd. 1958).

Il peut être intéressant de consulter également l'ouvrage antérieur :

Sophocle, tome I, *Ajax, Antigone, Œdipe Roi, Électre*, texte établi et traduit par Paul Masqueray, Paris, Les Belles Lettres, 1922.

Commentaires

BOLLACK Jean, *L'Œdipe Roi de Sophocle. Le texte et ses interprétations*, 4 vol., Lille, Presses Universitaires, 1990.
DAWE R. D., Sophocles, *Œdipus Rex*, Cambridge Greek and Latin Classics, Cambridge University Press, 1982.
KAMERBEEK J. C., *The Plays of Sophocles, Commentaries, Part IV, The Œdipus Tyrannus*, Leiden, Brill, 1977.

Longo O., Sofocle, *Edipo Re*, introduzione, testo e commentario, 2ᵉ éd., Padoue, CLEUP, 1988.

Roussel Louis, Sophocle, *Œdipe*, texte, traduction, commentaire, Paris, 1940, avec interprétation rythmique des passages lyriques.

Études

Bollack Jean, *La Naissance d'Œdipe*, traduction et commentaires d'*Œdipe Roi*, Paris, Gallimard, 1995.

Delcourt Marie, *Œdipe ou la légende du conquérant*, Liège, 1944.

Lévi-Strauss Claude, *Anthropologie structurale*, Plon, 1958.

Machin A. et Pernée L., *Sophocle. le texte, les personnages*, Actes du Colloque international d'Aix-en-Provence (10, 11 et 12 janvier 1992), Publications de l'Université de Provence, 1993.

Pohlsander H. A., *Metrical studies in the lyrics of Sophocles*, Leiden, 1964.

Reinhardt Karl, *Sophocle*, traduit de l'allemand par E. Martineau, Ed. de Minuit, 1971 (1933).

Romilly Jacqueline (de), *Sophocle*, *Entretiens sur l'Antiquité Classique*, tome XXIX, Fondation Hardt, Genève, 1983.

Vernant Jean-Pierre, Vidal-Naquet Pierre, *Œdipe et ses mythes*, Ed. Complexe, Bruxelles, 1988 (réunion d'articles publiés antérieurement).

Sur le théâtre antique, sa survie, la mise en scène, et le travail de l'acteur

Demont Paul et Lebeau Anne, *Introduction au théâtre antique*, Le Livre de Poche, 1996.

Taplin Oliver, *The Stagecraft of Æschylus, The drama-*

tic use of exits and entrances in Greek tragedy, Oxford, 1977.

DAITZ Stephen G., *The pronunciation and reading of ancient greek : a practical guide* (2ᵉ éd., 1984) (avec cassettes et livret), The Living Voice of Greek and Latin Literature, Jeffrey Norton Publ., Guilford CT-Londres.

BIET Christian, *Œdipe en monarchie. Tragédie et théorie juridique à l'âge classique*, Klincksieck, 1994.

« Œdipe et la tragédie », dans *Théâtre/Public*, n° 70-71, juillet-octobre 1986.

LISTA Giovanni, *La Scène moderne. Encyclopédie mondiale des arts du spectacle dans la seconde moitié du XXᵉ siècle*, Actes Sud, 1997.

BARBA Eugenio et SAVARESE Nicola, *L'Anatomie de l'acteur. Dictionnaire d'anthropologie théâtrale*, International School of Theatre Anthropology, 1985.

MIQUEL Jean-Pierre, *Propos sur la tragédie*, Actes Sud, 1997.

TABLE

Dans la même collection

Ce volume,
le vingt-quatrième
de la collection « Classiques en poche »,
publié aux Éditions Les Belles Lettres,
a été achevé d'imprimer
en mars 2017
par La Manufacture imprimeur
52205 Langres Cedex, France

N° d'éditeur : 8515
N° d'imprimeur : 170265
Dépôt légal : mars 2017
Imprimé en France